KB104283

질문 수업
레시피

질문 수업
레시피

발행일 2024년 07월 03일 초판 1쇄 발행
         2024년 11월 22일 초판 2쇄 발행
지은이 이성일
발행인 방득일
편 집 박현주, 강정화
디자인 강수경
마케팅 김지훈

발행처 맘에드림
주 소 서울시 도봉구 노해로 379 대성빌딩 902호
전 화 02-2269-0425
팩 스 02-2269-0426
e-mail momdreampub@naver.com

ISBN 979-11-89404-99-4 93370

챗GTP 시대, 성적과 미래 역량을 키우는 수업

질문 수업 레시피

이 성 일 지음

맘에 드림

질문으로
함께 배우는
수업 만들기

교사가 꿈꾸는 수업은 무엇일까요? 세부적인 목표는 교사마다 다르겠지만, 궁극적으로는 소외되는 학생 없이 모두가 즐겁고 의미 있게 배우고 성장하는 수업이 아닐까요? 하지만 늘 현실적인 문제가 발목을 잡습니다. 예컨대 학생 간 학력 격차로 모두의 눈높이에 맞춘 수업 준비가 쉽지 않죠. 한편 학생들이 즐겁게 참여하는 수업을 한 경우라도 막상 돌아보면, 과연 아이들에게 의미 있는 배움이 일어났는지 의문이 들 때도 있습니다. 무엇보다 외면할 수 없는 진도와 입시도 고민입니다.

수업 고민을 해결하는 질문 수업

필자는 교사들의 고민 해결 방안으로 **질문 수업**을 제안하고자 합니다. 그 이유는 다음과 같습니다.

- 수업 준비가 쉽고, 수업 시간에 교사가 편하다.
- 소란한 가운데 자발적 배움이 일어난다.
- 진도에 문제 없고, 세특이 풍성해지며, 입시에도 도움이 된다.
- 성적과 미래 역량을 함께 키운다.

이 책을 쓴 목적은 더 많은 교사가 질문 수업에 쉽게 접근하도록 안내하기 위해서입니다. 어떻게 해야 아이들이 수업 시간에 자연스럽게 질문하고, 생각을 말할 수 있는지 다양한 방법들을 소개하고 싶었습니다. 질문하는 힘을 키움으로써 우리 아이들이 세상의 빠른 변화에 유연하게 대응하고, 주체적인 삶을 살기를 바라는 마음 때문입니다.

질문은 학생들의 호기심을 자극하여 스스로 탐구하고자 하는 학습 의욕을 고취합니다. 그뿐만이 아닙니다. 학생들은 질문을 통해 자기 생각을 표현하고, 문제를 분석하며, 창의성과 비판적 사고를 키울 수 있습니다. 이런 경험들이 쌓여가면서 학생들은 단순히 정보를 기억하는 것이 아니라, 지식을 깊이 있게 이해하고 적용할 수 있게 되지요.

자기주도학습과 질문 수업

시대의 변화에 따라 수업에 대한 변화 요구도 지속되어 왔습니다. 특히, 4차 산업혁명 이후 학교 현장에서도 강의 수업에서 탈피하여 학생 참여 활동이 확대되고 있죠. 하지만 이제 학생 참여가 특정 활동에 머물지 않고, 수업 전반에 걸쳐 스스로 생각하고 질문함으로써 더욱 적극적으로 참여하도록 진화해야 합니다.

필자는 10년 가까이 질문 중심의 수업을 운영하고 있습니다. 윤리 교사로서 동서양의 많은 사상가를 다뤘지요. 아이들은 수업에서 자유롭게 질문하면서 소크라테스의 사상을 자기 삶과 연결하고, 심지어 칸트 사상을 거침없이 비판하기도 합니다.

질문을 통해 철학자의 사상을 외우는 공부에서, 스스로 생각하고 내면화하는 진정한 의미의 공부를 하게 된 것입니다. 또한 아이들은 궁금한 점을 더 이상 숨기지 않고, 질문하고 탐구하는 과정에서 성취감을 느끼며 자기 주도적인 공부를 하게 됩니다.

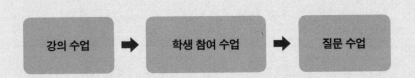

강의 수업 ➡ 학생 참여 수업 ➡ 질문 수업

┃ 학교 수업의 변화
학교 수업은 교사가 모든 것을 주도했던 전통적인 강의식 수업에서 학생들의 참여가 강화되는 수업으로 변화되어왔다. 이제는 단순한 참여를 넘어서서 학생들이 좀 더 적극적인 배움의 주체가 되는 질문 수업으로 나아가야 한다.

질문 수업의 이론과 실제

이 책은 크게 6개 장에 걸쳐 다음과 같이 질문 수업의 이론과 실제를 아우릅니다.

- 1장은 왜 질문 수업인가?를 묻습니다. 질문의 의미, 수업에서 질문이 없는 이유, 질문 수업을 해야 하는 이유 등을 제시합니다.
- 2장은 어떻게 질문할 것인가?를 다룹니다. 구체적으로 질문을 만드는 다양한 방법과 전략을 소개합니다.
- 3장은 놀이로 질문과 친해지는 방법을 소개합니다. 아직 질문하는 것이 낯선 아이들도 놀이를 통해 짝과 친해지면서 저절로 질문하는 습관을 키울 수 있습니다.
- 4장은 수업 모형에서의 질문입니다. 하브루타, 큐앤알 수업, 거꾸로 교실, 철학적 탐구공동체, 프로젝트 수업에서 질문의 역할을 소개합니다.
- 5장은 다양한 질문 수업 사례입니다. 14가지의 질문 수업 사례를 통해 단원과 주제에 적합한 질문법을 활용할 수 있습니다.
- 6장은 챗GPT를 수업에 활용하는 방법과 유의 사항을 제시합니다.

끝으로 이 책에서 소개한 질문 수업 사례 중에는 필자가 기존에 쓴 책인 《하브루타로 교과수업을 디자인하다》와 《메타인지 수업》에서 이미 소개했던 것 중 보완하고 개선한 내용 일부를 포함했음을 밝힙니다.

감사의 글

이 책을 쓰는 데 많은 선생님의 도움을 받았습니다. 필자의 부족한 수업 사례, 고등학교 윤리 교과라는 한정성을 보완하기 위해서입니다. 감사하게도 전국의 질문 고수 선생님들이 자신의 수업 사례를 흔쾌히 제공해 주셔서, 초·중·고에 걸친 다양한 수업 사례를 포함할 수 있었습니다. 이에 다음 선생님들에게 진심으로 감사의 인사를 드립니다.

- 우리나라 환경에 맞는 큐앤알 수업을 개발하신 **박순덕 박사님**
- 거꾸로 교실을 꾸준히 실천하고 확산시키고 계신 **조선화 선생님**
- 초등학교에서 챗GPT와 에듀테크로 수업을 진행하는 **석희철 선생님**
- 인문계 고등학교에서 챗GPT와 에듀테크 수업 전문가 **임종우 선생님**
- 하브루타와 철학적탐구공동체를 한문 수업에 녹여낸 **강신영 선생님**
- 시끄러운 도서관을 운영하며 그림책으로 아이들과 소통하는 **김규미 선생님**
- 철학적탐구공동체 수업으로 생각하고 탐구하는 과학 수업을 하시는 **진소연 선생님**

거친 나일론 같은 글을 부드럽고 읽기 좋은 실크로 편집해 주신 맘에드림 박현주 편집자님께 진심으로 감사드립니다. 함께 작업하는 시간 내내 행복하고 배우는 시간이었습니다.

무엇보다 수업에서 질문하고 토론하고 발표하는 학생들이 이 책의 진정한 저자입니다. 필자와 함께 수업하면서 교학상장(敎學相長)을 이루어 가는 아이들에게 감사를 전합니다.

이 성 일

5장

질문의 기술
수업에서 바로 써먹는 좋은 질문 만들기

6장

챗GPT와 질문 수업

뛰어난 질문자가 인공지능을 지배한다!

왜 질문 수업인가?

생성형 인공지능과 함께 질문의 힘이 더더욱 빛을 발하는 시대가 열렸다. 이는 인공지능 사용자의 질문 수준이 결과물의 수준과 직결되는 까닭이다. 이제 어떻게 질문할 것인가는 전략을 넘어 무기가 되는 시대이다. 과거에는 지식의 양으로 그 사람의 전문성을 판단했다. 하지만 방대한 지식을 순식간에 학습하고, 이를 수정·가공해서 질문자가 원하는 텍스트와 이미지로 구현하는 생성형 인공지능이 열일하는 시대 아닌가? 우리는 인공지능과 경쟁하는 것이 아니라 협력해야 한다. 이를 위해 우리에게 가장 필요한 것은 지식이 아니라 문제의 핵심을 파악하는 것이다. 핵심에 접근하려면 질문하고 또 질문해야 한다. 교육이 질문의 가치에 더욱 주목해야 하는 이유다.

1장

질문의
가치

질문은 열쇠다. 인생을 살아가면서 우리는 많은 문을 만난다. 그 문 뒤에는 온갖 가능성이 숨어 있다. 그 문을 열 수 있는 열쇠가 바로 질문이다.

- 제임스 라이언, 《하버드 마지막 강의》 중에서

01

당위성

좋은 질문이
무기가 되는 세상

물음표(?)가 느낌표(!)로

이 책은 챗GPT 시대에 더욱 절실해진 질문 수업의 거의 모든 것을 아우르고자 한다. 다만 '질문'의 가치는 어제 오늘에 부각된 것은 아니다. 이미 인류는 오래전부터 질문을 통해 삶과 존재 의미를 설명하려고 했고, 이는 인류 성장의 원동력이 되었다. 그리고 오늘날 **좋은 질문[1]**의 가치는 점점 더 높아지고 있다. 특히 교육 현장에서 질문은 아이들의 호기심과 관심을 불러일으키는 데 최선의 방법이다. 왜냐하면 아이들은 궁금한 점을 해결했을 때, '아하!'

....

1. 뒤에서도 이야기하겠지만, 필자는 세상에 나쁜 질문은 없다고 생각한다. 따라서 '좋은 질문'이라는 표현이 나쁜 질문의 상대적 의미로 쓴 표현이 아님을 꼭 밝히고자 한다.

하는 쾌감과 함께 비로소 공부의 참맛을 느끼기 때문이다. 즉 물음표(?)가 느낌표(!)가 되는 순간에 진정한 배움이 일어난다. 이러한 경험이 쌓일수록 공부하는 즐거움은 배가된다.

농경·산업화 시대에는 많이 공부한 사람이 지식인이며, 공부한 지식은 평생 써먹을 수 있는 자산이었다. 하지만 생성형 인공지능이 등장한 지금은 달라졌다. 이제 인간에게 필요한 것은 지식이 아닌 문제의 발견과 본질의 파악이다. 그리고 그것은 올바른 질문을 통해 가능하다.

따라서 교육 현장에서 질문은 배움을 위한 의식적인 노력이어야 한다. 알기 위해 스스로 질문하고, 해결하기 위해 스스로 생각하며, 도움이 필요하면 선생님에게 질문한다. 급변하는 시대를 살아내기 위해서는 계속 배우는 사람이 되어야 한다. 질문은 배움의 출발이자, 나아가 가장 잘 배우는 방법이다.

호기심을 자발적 탐구의 마중물로

서울대학교에서 우수 자기소개서 세 편을 홈페이지에 올린 적이 있다. 세 편의 공통점은 바로 '질문'이었다. 즉 주제는 서로 다르지만, 저마다 학습한 내용에 질문하고, 그 질문을 해결하기 위한 탐구 과정과 함께 배우고 느낀 점을 포함하고 있다. 해당 질문을 소개하면 다음과 같다.

- 정의롭다고 알려진 것들은 의심 없이 믿어야 하는가?
- 탄소나노튜브로 n형 반도체를 구성하면 어떨까?
- 왜 하필 유클리드 체계인가?

이를 통해 서울대학교가 원하는 인재는 배운 내용에 대해 호기심을 갖고 자기주도적으로 탐구하는 학생임을 유추할 수 있다. 이는 비단 서울대뿐만 아니라 지금 우리 시대가 미래를 위해 요구하는 인재상이기도 하다.

《미국 최고의 교수들은 어떻게 가르치는가》에서는 학생들이 배운 것을 달달 외우기만 하는 전략적 학습자가 아니라 스스로 질문할 수 있도록 자극하는 것이야말로 학습의 기반을 다져주는 것이라고 강조한다. 이 책에서 인용한 캘리포니아대학교 수학자 도널드 사리 교수의 말을 소개하면 다음과 같다.

> "나에게 최대의 성공이란 학생들이 질문에 스스로 답을 찾도록 도와주었을 때이다."[2]

질문 수업에서 학생들은 이미 배운 내용에 대해서도 멈추지 않고 계속 호기심을 갖고 스스로 탐구하는 모습을 보인다. 이를 통해 성적은 물론 미래 역량을 키워가는 것이다.

....
2. 켄 베인, 《미국 최고의 교수들은 어떻게 가르치는가》(안진환 외 옮김), 뜨인돌, 2005, 154쪽

인공지능 시대와 질문

세계적 석학들은 한결같이 인공지능 시대에 살아남는 방법으로 질문하는 태도를 꼽는다. 《사피엔스》의 저자 유발 하라리는 우리가 아이들에게 가르쳐 줄 가장 중요한 기술로 다음의 두 가지 질문을 제시하기도 했다.

- 어떻게 변화하면서 살 수 있을까?
- 어떻게 해야 내가 모른다는 사실을 직면하며 살 수 있을까?

스탠포드대학교 교육대학원의 폴 김 교수는 "인공지능 시대를 맞아 교육자가 지식을 전달하는 대신, 아이들의 창의성을 높이고 잠재적 역량을 끌어내는 체계로 전환해야 한다. 학생들에게 가장 필요한 것은 질문하는 능력이다."라고 말했다. 인지심리학자 김경일 교수도 필자의 《메타인지 수업》 추천사에서 "질문을 통해서 능동적으로 학습한 사람이 AI가 할 수 없는 일을 해내는 인재가 된다."라고 말한다. 이처럼 석학들이 앞다투어 '질문'의 중요성을 점점 더 강조하는 이유는 무엇일까? 인공지능 시대에 질문 능력이 필요한 이유를 정리하면 다음과 같다.

첫째, 지식 습득과 확장에 도움이 된다. 질문을 통해 새로운 지식을 습득하고, 기존 지식을 확장할 수 있다.

둘째, 비판적 사고 능력을 키운다. 질문을 통해 문제를 분석하고 다양한 시각에서 접근하는 것이 가능해지며, 이는 비판적 사고 능력을 향상한다.

셋째, 창의적 문제 해결 능력을 키운다. 질문하고 탐구하는 과정에서 지식을 연결하여 새로운 방법으로 문제에 접근하고, 해결하는 능력을 향상한다.

넷째, 소통 능력을 키운다. 질문은 대화의 연결 고리이며 소통을 원활하게 한다. 이는 협업이 필수인 시대에 중요한 역할을 한다.

다섯째, AI를 비서로 활용할 수 있다. AI는 과거 전문가들도 오랜 시간 걸리던 일들을 순식간에 처리한다. 적절한 질문으로 AI를 활용하면 유능한 전문가를 비서로 곁에 둔 것과 같다.

질문하는 학교

많은 교사가 여전히 학생들에게 지식을 전수하는 것을 핵심 사명이라고 생각한다. 물론 지식은 생각의 출발이라는 점에서 중요하다. 배경지식이 전혀 없는 상태라면 무엇을 어떻게 생각하기 시작할지 떠올리는 것조차 어렵기 때문이다. 게다가 학교 교육은 입시에서 자유롭지 못하다 보니 지식 교육을 간과할 수는 없다. 하지만 과거처럼 오직 지식에만 매몰될 것이 아니라, 변화의 시대에 적응하면서 살아갈 방법과 지혜도 함께 전수해야 한다. 이때 필요한 것이 질문하는 태도이다.

　교육부에서도 최근 **질문하는 학교**를 주요 정책으로 삼고, 교과서도 질문 중심으로 구성하는 경우가 많다. 이러한 상황에서 당연히 수업의 방향도 바뀌어야 한다. 무엇보다 질문이 바뀌어야 한다. 교사의 일방적인 설명과 그에 대한 이해 여부를 확인하기 위한 질문에 머물러서는 곤란하다. 수업에서 학생 스스로 질문을 만들고, 그 질문에 대한 해답을 탐구하게 해야 한다. 질문을 통해 생각할 기회를 얻고, 새로운 아이디어를 얻을 수 있다. 또한 어려운 문제에 봉착했을 때도 의도적으로 질문을 반복하다 보면 더 나은 해결책을 발견할 수 있을 것이다.

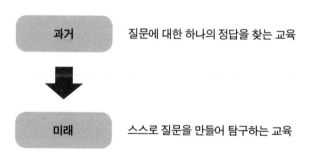

과거 　질문에 대한 하나의 정답을 찾는 교육

미래 　스스로 질문을 만들어 탐구하는 교육

┃ 교육의 변화
과거에는 모든 학생이 하나의 정답을 찾는 데 초점을 맞추었다면, 앞으로는 저마다 질문을 통해 끊임없이 탐구를 이어가도록 해야 한다.

개념 정의

질문이란
무엇인가?

배움은 묻는 것

질문의 사전적 정의는 '알고자 하는 바를 얻기 위한 물음'이다. 즉 질문은 뭔가 궁금하거나 알고 싶은 것이 있을 때 사용하는 언어적 표현이다. 질문한다는 것은 누군가에게 무언가를 알기 쉽게 설명해달라고 요청하는 것이기도 하다. 이러한 정의로 미뤄볼 때, 질문은 배움으로 나가는 길이자, 의사소통의 열쇠다.

학교는 학문을 갈고닦는 곳이다. '학문'의 한자를 살펴보면 배울 **학(學)**과 물을 **문(問)**이다. 배움은 묻는 것이라는 의미이다. 그렇다면 학교는 '질문하며 배우는 공간'이라고 정의할 수 있지 않을까? 《논어》의 〈위정〉 편을 보면 이런 말이 나온다.

子曰, 知之爲知之

不知爲不知

是知也

공자가 말하기를 아는 것을 안다고 하고, 모르는 것을 모른다고 하는 것,

이것이 아는 것이다.

이 말에서도 우리는 배움이 어떻게 시작되는지 잘 알 수 있다. 바로 자신이 무엇을 알고, 무엇을 모르는지 알아야 한다는 것이다. 그리고 모르는 것을 알아내기 위해 질문할 때 비로소 진정한 배움에 이를 수 있다. 실제 인류가 이뤄낸 거의 모든 학문과 문명의 발전은 질문에서 비롯되었다고 해도 결코 과언이 아니다.

동양뿐만 아니라 서양의 현자들도 '질문'을 강조해왔다. 소크라테스는 질문을 통한 '문답법'으로 사람들의 무지를 깨닫게 했고, 아리스토텔레스는 '인간의 목적은 무엇인가?'를 질문하면서 철학을 발전시켰다. 아인슈타인도 '빛보다 빠른 물질은 존재하는가?'라는 질문에서 현대 물리학의 기초를 세웠는데, 그는 다음과 같은 말로 질문의 중요성을 강조한다.

살아가면서 가장 중요한 일은 질문을 멈추지 않는 것이다. 호기심은 그 자체만으로도 존재 이유를 갖고 있다. 매일매일, 스스로 질문하며 비밀의 굴레를 하나하나 알아가는 것만으로도 충분하다. 고귀한 호기심을 절대로 잃지 말아라.

언제 질문하는가?

세상에는 다양한 질문이 존재하는데, 언제 질문하는지를 통해 질문하는 이유를 파악할 수 있다. 그와 함께 질문이 무엇인가를 이해하기도 쉬워진다.

첫째, 모르는 것을 알기 위한 질문: 개념이나 내용 이해가 잘 되지 않은 부분이 있을 때 누군가에게 물어보는 것이다. 학생들이 교사에게 하는 질문은 대부분 여기에 해당한다.

둘째, 근본적인 것을 알고자 하는 질문: 생각을 자극하는 질문으로 단순한 내용 이해를 넘어 질문하면서 문제의 본질에 도달하는 것이다. 철학자들의 질문이 대체로 여기에 해당한다.

셋째, 호기심을 표현하기 위한 질문: 질문이 자발적인 탐구 활동이나 실험으로 연결되는 경우이다. 과학자들의 질문이 여기에 해당한다.

넷째, 기존 주장이 옳은지 검증하기 위한 질문: 대표적으로 갈릴레이가 '정말 무거운 물체가 가벼운 물체보다 먼저 떨어질까?'를 질문하고 직접 실험한 것이 그 사례이다.

다섯째, 상대방이 제대로 알고 있는지 확인하려는 질문: 교사가 설명 후 학생들에게 이해 여부를 확인할 때의 질문이 여기에 해당한다.

위에 열거한 다섯 가지 질문의 성격은 서로 다르지만, 공통점이 있다. 바로 묻는 사람의 **의도**가 있다는 것이다. 모든 의도에는 제대로 알고자 하는 목적, 앎에 대한 의욕이 담겨 있다. 그런 의미에서 질문은 배움의 시작이며, 배움의 자세이다. 전혀 모르는 상태에서는 막막해서 질문할 수 없고, 반대로 다 안다고 생각해도 더이상 알아내고 싶은 것이 없을 테니 질문할 필요가 없다. 아무것도 모르든, 다 안다고 생각하든 두 경우 모두 '의도'가 없다는 점에서 공통점이 있다.

'의도'가 왜 중요한지는 '질문'의 한자에서도 잘 드러난다. 본질 **질(質)**과 물을 **문(問)**이다. 바로 본질을 묻는다는 것이다. 본질에 도달하려면 스스로 생각해야 하고, 생각을 자극하는 도구가 질문이다. 생각하려는 의도가 없으면 질문도 나올 수 없다는 뜻이다. 모르는 것을 알기 위한 질문도 중요하지만, 본질을 알기 위해서도 질문해야 한다. 그저 학생들에게 질문이 있느냐고 물을 것이 아니라, 의도적으로 질문을 만들게 하는 질문 수업이 필요한 이유다.

하지 말아야 할 질문
- - - - - - - - - - - - -

좀 전에 아무것도 모르면 질문할 수 없다고 했던 것처럼 수업 시간에 학생이 하는 질문의 수준으로 학생의 배움 수준을 파악할 수 있다. 어느 정도의 지식에 생각과 호기심이 더해져야 좋은 질문이 나온다는 뜻이다. 아는 것과 더 알고 싶은 것 간의 거리를 좁히는 것이 질문이기 때문이다. 필자는 세상에 나쁜 질문은 없다고 생각하지만, 하지 말아야 할 질문은 있다고 생각한다. 하지 말아야 할 질문을 2가지만 정리하면 다음과 같다.

첫째, 자신을 드러내기 위한 과시용 질문: 강연장에 가보면 가끔 질문 시간에 장황하게 자기 지식을 자랑하듯 이야기하는 사람이 있다. 그런 사람의 질문은 결국 명확하지 못하다. 질문한 의도가 궁금해서거나, 다른 의견을 제시하기 위해서가 아니기 때문이다. 질문은 알고자 하는 내용에 대해 짧고 명확해야 한다.

둘째, 시비 등 소모적 논쟁을 위한 질문: 본질과 전혀 상관없는 내용에 대해 말꼬투리를 잡고 늘어지는 질문자가 종종 있다. 물론 서로 다른 의견을 가진 사람들이 각각 자신의 주장을 논함으로써 더 나은 생각을 이끌어낼 수도 있다. 하지만 때와 장소에 맞게 질문을 해야 하며, 불쾌한 태도로 상대의 감정을 자극하는 질문은 삼가야 한다.

하지 말아야 할 질문을 통해서 필자가 꼭 전하고 싶은 것은 질문자의 **태도**이다. 즉 질문하는 사람은 겸손해야 한다는 것을 의미한다. 필자는 《논어》〈공야장〉 편에 나오는 **불치하문(不恥下問)**이라는 말을 좋아한다. "아랫사람에게 묻는 것을 부끄러워하지 않는다."라는 의미이다.

교직 생활 중 '불치하문'을 실감하게 된 결정적 계기가 있다. 필자는 30년 넘게 교사로 살면서 23년 동안 줄곧 강의 수업에만 매

달렸다. 그러다가 10년 전쯤 뒤늦게라도 질문 수업을 시작할 수 있었던 건 당시 20대였던 후배 교사에게 토론 수업에 대해 묻고 배운 덕분이었다. 지금도 그때 후배 교사에게 했던 질문과 배움이 내 삶에서 가장 잘한 일이었다고 생각한다.

질문은 당연한 것을 당연하게 생각하지 않은 태도에서 시작된다. 당연하다고 여겨 생각을 닫아버린다면 호기심이나 흥미가 생길 리 없다. 하지만 당연한 것에 '왜?'라고 질문하는 순간 새로운 배움의 세계가 열린다. 또한 뭔가 문제에 봉착하여 사방이 꽉 막힌 것 같은 상황이라도 의도적으로 질문을 반복하다 보면 작은 틈을 비집고 들어오는 빛처럼 해결의 실마리를 발견하기도 한다.

이상을 종합하면 질문은 모르는 것을 알게 하는 것을 넘어, 이미 안다고 생각한 것도 질문을 통해 새로운 점, 더 좋은 방법을 발견할 수 있게 해준다. 따라서 질문은 근본적인 앎에 도달하는 도구이다. 질문으로 호기심을 표현하고, 해결 방법을 찾는 탐구 활동으로 연결한다. 또 기존의 낡은 상식이나 고정관념을 깨기도 한다. 때로는 부당한 상대 의견에 대한 비판적인 도구가 될 수도 있다. 무엇보다 생각을 끊임없이 자극하여 진정한 배움에 이르게 한다. 결국 질문은 알고자 하는 의욕의 표현이며, 문제의 핵심을 제대로 파악하고 해결하게 하는 힘이다.

문화적 특성

우리 수업에는
왜 질문이 없는가?

좀처럼 질문하지 않는 우리나라 학생들

아이들은 질문하면서 배운다. 영국의 심리학자 폴 해리스에 따르면 아이들은 두 살에서 다섯 살 사이 약 4만 개의 질문을 한다고 한다. 끊임없이 샘솟는 호기심을 해결하기 위해 "왜?"라는 질문을 던지는 동안 아이들은 점차 세상을 배워간다.

우리 학생들도 어린 시절에는 분명 넘치는 호기심을 주체하지 못해 누가 시키지 않아도 계속 질문하고 또 질문했을 것이다. 하지만 자라면서 질문이 현저히 줄어들다가 심지어 가장 많은 공부를 하는 고등학생 시기에는 아예 질문하지 않는다. 질문하지 않는다는 것은 호기심이 없는 수동적인 공부를 한다는 것이다. 또한 교사의 설명과 교과서 내용만 외우는 공부에 매달리고 있음을 의미한다. 입시의 영향 탓이지만, 안타까운 모습이다.

필자 또한 질문 수업을 하기 전 20년이 넘도록 학생에게 제대로 된 질문을 받아본 기억이 거의 없다. 질문이라고 해봐야 대부분 교사가 별생각 없이도 기계적으로 답할 수 있는 개념이나 정답을 묻는 수준이었다. EBS 다큐프라임 〈왜 우리는 대학에 가는가?〉에서 어느 교수는 이렇게 말한다.

> 제가 처음 강의를 시작할 때 학생들 앞에 서는 게 몹시 두려웠습니다.
> 그래서 선배한테 물었습니다. 어떻게 해야 학생들 앞에서 떨지 않을까
> 요? 그때 그 선배가 저한테 큰 용기를 준 말이 있었습니다.
> "절대 두려워하지 마라. 학생들은 절대로 질문하지 않는다."

학생들을 수동적 학습자로 길들여 온 우리의 교육 현실을 반영하는 것 같아 안타깝다. 사실 질문 역량은 하루아침에 얻어지지 않는다. 알고 싶은 내용을 질문 형태로 만들어 내는 것은 생각보다 쉽지 않기 때문이다. 유대인 부모와 우리나라 부모 사이의 질문 차이는 잘 알려져 있다. 대표적으로 학교에서 돌아온 아이에게 부모가 가장 많이 던지는 질문만 봐도 알 수 있다.

- 우리나라 부모: 오늘 선생님 말씀 **잘 들었니?**
- 유대인 부모: 오늘 무슨 **질문을 했니?**

우리나라 부모의 질문을 보면 자녀가 수업 시간에 조용히 앉아서 잘 듣기만 하면 된다고 생각하는 것 같다. 하지만 유대인 부모의 질문은 자녀가 능동적 태도를 보여주기를 기대한다는 것을 알 수 있다. 즉 질문하기 위해 수업에서 계속 생각해야 하고, 그 질문을 부모에게 설명해야 한다는 것을 내포한다. 잘 알려진 것처럼 유대인은 구글, 페이스북 등을 창업하여 4차 산업혁명 시대를 선도하고 있다. 어쩌면 이러한 힘은 끊임없는 질문에서 온 것이 아닐까?

질문을 억누르는 우리 문화

우리는 유대인과 달리 질문을 불편하게 생각하는 편이다. 교사가 설명하는 중간에라도 잘 이해되지 않는 것이 있으면 질문하는 게 당연하건만, 마치 부자연스러운 일처럼 여겨지다 보니 교실에서 질문이 사라져간 것이다. 즉 학생들이 좀처럼 질문하지 않는 이유는 다음과 같은 우리 특유의 문화와 관계가 있다.

■ 강의식 수업 문화

여전히 우리나라 교실은 교사의 설명으로만 수업을 채우는 경우가 많다. 종이 칠 때까지 쉬지 않고, 심지어 수업 시간을 넘겨서 열정적으로 설명을 이어가기도 한다. 교사의 열정과 별개로 이러한 교사 중심의 수업 문화에서 학생들은 선뜻 자기 의견이나 질문을 하기 어렵다. 교사의 설명 도중에 질문을 했다가 수업 흐름을 끊는 훼방꾼으로 낙인될 수 있다는 우려도 있기 때문이다.

■ 입시 중심의 문화

수능과 내신에서 높은 점수를 받기 위해서는 호기심보다 정답을 빨리 찾는 공부가 효율적이라는 인식이다. 이런 문제풀이 중심의 공부에서 생각을 묻는 질문은 하기 어렵다. 여기에 빠듯한 진도도 한몫한다. 평가도 생각을 묻기보다 정답만 요구한다. 심지어 서술형 시험마저도 학생의 생각이 아닌 정해진 답을 적어야 하는 경우가 대부분이다. 그래서 이해만 해도 충분히 맞힐 수 있는 서술형 문제를 굳이 외워야 답을 쓸 수 있게 만들어 오히려 공부 부담을 가중시키는 셈이다.

■ 체면 중시 문화

질문을 했을 때 교실의 모든 시선이 집중되는 부담감, 내가 모르는 것을 다른 사람에게 드러내야 하는 두려움, 내 질문의 수준이 타인으로부터 놀림 같은 부정적인 평가를 받을 수 있다는 자신감 부족 등 때문이다. 심지어 교사가 질문할 때도 학생들은 차라리 아무런 대답도 하지 않는 편이 판단이나 비판을 받지 않을 수 있다는 생각에 침묵하게 된다. 더욱이 논쟁이 되는 질문은 상대를 공격하는 행위라고 생각한다. 이런 것들 모두 타인의 시선을 중시하는 체면 문화와 깊은 관련이 있다.

이와 같은 문화에서 나고 자란 교사에게도 제대로 된 질문 경험이 없기는 마찬가지다. 오히려 교사들은 지금의 학생들보다 훨씬 더 수동적인 학습 환경에서 학창시절을 보냈다.

수업 시간에 때로는 교사 혼자 질문하고 답하기도 한다. 학생들에게 충분히 생각하고 답변할 시간을 주지 않은 채, 교사가 성급하게 정답을 먼저 말해 버리는 식이다. 결과적으로 교사는 학생이 호기심을 갖고 자발적으로 질문하는 환경을 조성하지 못하고, 학생은 선생님의 설명만 듣고 아무 말 없이 가만히 있는 것에 익숙해졌다. 그렇게 우리 수업에서는 질문이 사라진 것이다.

하지만 앞서도 얘기한 것처럼 교사가 그저 많은 양의 지식을 학생들에게 알려주는 것만으로는 부족하다. 불확실성 시대에 나타나는 문제 대부분은 하나의 정답으로 해결할 수 없다. 따라서 그저 아는 것에서 멈추지 않고, 계속 파고들어야 한다. 이런 적극적인 배움이 일어나려면 호기심과 질문은 필수이다.

> **강의식 수업 문화**

> **입시 중심의 문화**

> **체면 중시의 문화**

┃ 질문을 억누르는 우리 문화
질문 없는 교실을 만드는 데는 세 가지 문화가 종합적으로 작용하였다.

04

교육적 의의

질문 수업을
해야 하는 이유는?

질문은 배움의 시작이다

- - - - - - - - - - - - -

탈무드는 "공부할 때 자신의 무지를 드러내는 겸허한 사람은 최후에는 존경받게 된다."라고 했다. 몰라도 질문하지 않으면 더 이상의 변화도 없을 테니 배움을 포기한 것이다. 따라서 모르는 것은 잘못이 아니지만, 몰라도 묻지 않는 것은 분명 문제다. 학생들이 배움의 주체가 되려면 자발적으로 끊임없이 질문해야 한다.

하지만 강의 수업은 구조적으로 학생이 주체적 역할로 참여하기 어렵다. 예컨대 영화에 비유하면 강의 수업은 각본과 감독, 주인공도 모두 교사이다. 학생 중 일부가 출연하기도 하지만, 기껏해야 엑스트라 역할에 머물 뿐이다. 대부분의 학생은 그저 관객으로서 수업을 수동적으로 관람한다.

반면 질문 수업에서 교사는 감독 역할을 하고, 학생들이 주요 출연자가 된다. 학생들이 다양한 역할을 수행하며, 함께 수업을 만들어 가는 것이다. 예컨대 교사의 질문에 학생들이 생각을 발표하거나 대답하기도 하고, 학생들이 만든 질문으로 서로 토론하면서 생각을 나눈다. 전남대 박구용 철학과 교수는 울산교육청 교육과정 관련 강의에서 다음과 같이 말했다.

> 철학에서 누가 주인인가? 누가 노예인가를 물을 때, 문제를 스스로 내는 사람은 주인이고, 남이 낸 문제를 푸는 사람은 노예라고 답한다.

학생을 노예로 만들고 싶은 교사는 없을 것이다. 따라서 우리는 학생들이 수업 시간에 자연스럽게 질문을 만들고, 친구들과 생각을 나누면서 배움에 접근하는 능동적인 학습자가 되게 해야 한다.

질문 수업의 교육적 의의

질문을 만들기 위해서는 깊이 생각해야 한다. 그리고 짝(친구)과 서로 생각을 나누는 과정에서 텍스트 너머로 배움이 확장된다. 이런 과정에서 자연스럽게 학생은 수업의 주체가 된다. 학생뿐만 아니라 교사도 함께 성장한다. 학생의 질문과 생각에 감탄하기도 하고, 미처 생각지도 못한 것을 배울 수도 있기 때문이다. 이른바 가르치고 배우면서 서로 성장하는 **교학상장(敎學相長)**이 이루어지는 것이다. 질문 수업의 주요 교육적 의의를 몇 가지만 짚어보면 다음과 같다.

■ 질문은 배움의 기술이다

급변하는 4차산업혁명 시대에 한 가지 기술로 평생을 먹고살기 어려워졌다. 전문가의 개념도 과거 많이 배운 사람에서, 이제 변화에 유연하게 대응하며 계속 배워 나가는 사람으로 바뀌고 있다. 이러한 세상에서 질문은 끊임없는 배움을 위한 가장 중요한 기술이고 태도이다. 학생들은 질문을 통해 진정한 의미의 공부를 하게 된다. 교과서에 나오는 지식이 배움을 위한 씨앗이라면 질문은 그 씨앗이 무럭무럭 자라도록 한다. 질문을 하려면 모르는 것을 알아야 하고, 질문을 해결하기 위해 스스로 책이나 자료를 찾거나 선생님에게 묻는다. 그 모든 과정에서 자기주도적 배움과 문제 해결력이 생긴다.

■ 생각하는 공부를 하게 한다

아인슈타인은 "교육은 사실을 가르치는 것이 아니라, 생각하는 힘을 길러 주는 것"이라고 말했다. 하지만 강의식 수업에서 학생은 딱히 생각할 필요가 없다. 그저 교사의 설명을 듣고, 잘 외워서 시험 치면 충분하기 때문이다. 문제의 정답은 어차피 하나로 정해져 있기에 학생의 생각이 들어갈 자리는 없다. 정답은 교과서와 교사의 설명에 들어있기 때문이다. 하지만 검색으로 웬만한 정보에 접근할 수 있는 세상에서는 질문을 통해 기존 지식의 문제를 찾아내는 비판적 사고, 지식을 연결하여 새로움을 만드는 창의적 사고 등을 키워야 한다. 또 텍스트를 수용하는 단계를 넘어 텍스트를 기반으로 생각을 끌어내는 공부를 위해서 질문이 필요하다. 그런 의미에서 질문의 반대는 답이 아니라, 단순한 암기이다.

■ 문제를 해결하게 한다

질문은 문제의 본질에 접근하는 가장 좋은 방법이다. 그래서 아인슈타인은 "질문이 정답보다 중요하다. 만약 내게 60분 동안 문제를 해결해야 한다면 나는 55분을 핵심이 되는 훌륭한 질문을 찾고 결정하는 데 보낼 것이다. 만약 그런 좋은 질문을 찾았다면 나머지 5분 안에 나는 문제를 해결할 수 있을 것이다."라고 말했다. 질문은 대부분 호기심과 불편함에서 출발한다. '왜 그럴까?'라는 호기심과 '불편함을 어떻게 해결할까?'라는 질문이 문제 해결의 출발이다. 즉 질문에 문제 해결의 실마리가 담겨 있는 셈이다.

■ 메타인지 능력을 높인다

메타인지(metacognition)는 '자신의 생각을 판단하는 능력'을 말한다. 학습의 측면에서 해석하면 내가 이미 알고 있는 것과 모르는 것을 구분할 수 있는 능력으로 볼 수 있다. EBS 부모 특강 〈0.1%

의 비밀〉에서 "0.1%의 특징은 기억력이 아니라 메타인지 능력"이라고 밝힌 적 있다. 질문하기 위해서는 자신이 모르는 내용을 명확히 인식하고 정리해서 말로 표현해야 한다. 또한 질문에 답하는 과정에서 자신이 아는 것과 모르는 것을 명확히 인식할 수 있다. 그뿐만이 아니다. 질문으로 짝과 토론하는 과정에서는 생각이나 배운 지식을 말로 설명하기도 한다. 인지심리학에 따르면 질문하기와 설명하기는 메타인지를 높이는 좋은 방법이다. 모르는 내용을 명확히 알아야 질문할 수 있고, 설명할 수 있으면 제대로 아는 것이기 때문이다.

■ 수업 시간에 저절로 복습한다

질문을 만들기 위해서 교과서를 깊이 읽어야 한다. 이때는 단순한 이해를 위한 읽기보다 훨씬 높은 집중력과 사고력을 요구한다. 왜냐하면 질문을 만들기 위해서는 끊임없이 생각하면서 읽어야 하기 때문이다. 그리고 질문을 말로 표현하고 짝에게 설명하기 위해서는 배운 지식을 머릿속에서 구조화하고 자신의 언어로 바꾸어야 한다. 이는 인풋과 아웃풋의 재반복을 통해 뇌의 사용량을 높이고, 지식을 장기기억으로 보내게 한다. 이러한 효과는 한 학생의 질문 수업 후기를 통해서도 확인할 수 있다.

질문을 찾으려고 하다 보니까 내용을 계속 되뇌게 되고, 그러다 보니 나중에 수업 내용을 기억하고 있어서 놀랐다.

■ 공부를 삶이나 사회와 연결한다

입시 위주의 교육 풍토에서 우리나라 고등학교에서는 수능 점수를 높이는 것이 수업의 목적이 되고 말았다. 하지만 질문 수업을 하다 보면 아이들 스스로 텍스트 내용을 자기 삶과 연결하는 질문을 만드는 모습을 쉽게 볼 수 있다. 특히 인물이나 사건 중심의 수업에서 '자신이라면 어떻게 했을까?'를 질문하는 경우가 많다. 예컨대 나태주의 풀꽃으로 질문을 만들게 하면 '나에게 풀꽃 같은 존재는 누구인가?'를 질문하는 식이다. 모든 배움의 목적은 자신과 사회를 더 나은 방향으로 변화시키는 것이다. 이처럼 배운 내용을 삶이나 사회와 연결하는 데 질문 수업은 최적의 방법이다.

■ 세부능력 및 특기사항 기록이 풍성해진다

행복 단원 수업에서 '부유한 국가일수록 행복한가?'라는 질문으로 토론과 논술을 한다. 토론 활동지를 통해서 토론 내용을 기록하고, 토론 내용을 바탕으로 생각을 적는다. 사회 정의와 불평등 단원에서는 '능력주의는 분배 기준으로 공정한가?'라는 질문으로 토론하고, '우리 사회의 불평등 사례는 무엇인가?'를 탐구하는 개인 보고서와 모둠 발표 자료를 만들게 한다. 이러한 수업에서 아이들이 질문한 내용과 토론 내용, 논술문, 개인 보고서, 모둠 발표지들은 적절하게 세특으로 기록한다. 질문 수업을 통해 아이들이 수업에서 어떻게 참여하고 활동했는지가 생생하게 담긴 세특 자료가 만들어진다.

┃ 친구와 서로 질문을 주고받는 수업 장면
　질문 수업은 함께 참여하고 즐기면서 배움을 키워가는 수업이다.

■ 수업에서 교사와 학생이 함께 즐겁다

어쩌면 가장 중요한 내용이다. 초·중·고를 막론하고 유머 있는 교사는 인기가 좋다. 아이들도 웃으며 수업에 참여할 것이다. 하지만 모든 교사에게 유머감각을 기대할 수는 없다. 그런데 질문 수업을 하면 학생들은 저절로 웃는다. 텍스트 내용으로는 웃을 일이 거의 없는데, 텍스트로 만든 질문과 친구의 생각에서 나오는 반짝이는 아이디어와 공감은 아이들을 즐겁게 할 뿐만 아니라, 배움이 일어난다. 필자가 수업 초반에 강의할 때는 졸고 있던 학생도 질문으로 토론하면 소란한 소리에 깨는 경우가 많다. 심지어 나중에 모둠 발표를 할 때 졸던 학생이 나와서 직접 발표하는 경우가 종종 있다. 필자가 질문 수업의 위력을 가장 실감할 때다.

성적과 미래 역량을 함께 올리다

이제 암기만으로는 수학 능력 시험에서도 높은 등급을 받기 어려워졌다. 단순한 지식의 이해를 넘어 지식을 적용, 분석, 종합해야 풀 수 있는 문제의 출제 비중이 높아지고 있기 때문이다. 따라서 생각하는 공부가 필요한데, 질문이야말로 생각을 자극하는 데 좋은 방법이다. 서울대학교에서는 매년 《학생부종합전형 안내서》를 발간하는데, 2022학년도 '후배들에게 하고 싶었던 이야기'에는 다음과 같은 내용이 나온다.

> 수업에서 끊임없이 질문했습니다. 수업마다 평균 5개의 질문은 항상 했습니다. 질문은 배움의 질을 높여주고 지식을 비판적으로 수용하게 해줍니다. 또한 질문을 통해 다른 학생들도 몰랐던 것을 같이 알아갈 수도 있습니다. 질문은 주입식 교육의 문제로부터 저를 벗어나게 해주었습니다. 또한 실용적인 암기에도 상당한 도움이 됩니다.
>
> – 사회과학대학 인류학과

서울대학교에 진학한 학생의 학업성취 수준을 고려할 때, 수업 시간에 모르는 내용이 그렇게 많았을 리 없다. 오히려 의도적으로 질문을 만드는 과정에서 제대로 공부가 된 것이다. 따라서 교사는 학생 스스로 질문을 만드는 수업을 설계하여 학생들의 호기심과 자기주도성을 끌어내는 것이 중요하다.

배움의 기술

생각하는 공부

문제 해결에 도움

메타인지 능력 향상

수업 시간에 저절로 복습

삶과 사회와 연결하는 공부

세부능력 및 특기사항

즐거운 수업

▌질문 수업을 하는 이유
성적과 다양한 미래역량은 물론 학업성적도 함께 높이는 질문 수업을 하지 않을 이유가 없다.

여전히 진도와 입시를 이유로 학생 참여 수업을 망설이는 교사들이 많다. 하지만 질문 수업은 결코 교과 내용과 별개가 아니다. 실제로 교사의 충분한 설명 이후 학생들이 수업 내용과 관련된 질문을 만들어 생각을 나누는 방식으로 전개된다. 그 과정에서 저절로 복습이 되며, 메타인지 능력을 높인다. 성적만 올리는 것이 아니라 세특도 풍성하게 한다. 필자도 질문 수업을 처음 시작한 것이 고3 수업에서였고, 학생들의 성적과 수업 만족도 모두 높았다.

"Answer is Past, Question is Future."

이 말처럼 답은 과거에 머물지만, 질문은 미래를 향한다. 질문은 사고력과 문제 해결력을 높이고, 질문으로 토론하는 과정에서 비판적 사고와 의사소통 역량 등 미래 역량을 키운다. 성적과 미래 역량을 함께 높이는 질문 수업을 하지 않을 이유가 없다.

필수 지원

질문 수업 환경 조성,
어떻게 할 것인가?

능동적 참여를 위한 수업 환경 만들기

질문 수업을 위해서는 누구든 스스럼 없이 자기 생각을 말할 수 있어야 한다. 행여 비난이나 조롱받을까 위축되어서는 안 된다는 뜻이다. 어느 수업 시간에 있었던 일이다. 내용 이해를 확인하는 간단한 질문을 던졌는데, 한 학생이 큰 소리로 틀린 대답을 했다. 필자는 그 학생에게 이렇게 말했다.

> "정말 고마워, 선생님의 질문에 대답한다는 것은 내 말을 경청했고, 수업에 집중했다는 증거이고, 선생님을 존중한다는 의미야. 대답의 맞고 틀림은 중요하지 않아. 선생님의 질문에 대답하려는 태도를 칭찬해!"

순간 그 학생의 표정이 환하게 밝아졌다. 이후 다른 학생들도 더 열심히 질문하고 대답하며 이전보다 수업에 더욱 능동적으로 참여하려는 태도를 보여주었다. 이처럼 질문 수업에서 중요한 것은 모든 학생이 **존중받는다는 느낌**을 갖는 것이다. 그뿐만 아니라 학생들이 질문에 익숙해지려면 적절한 분위기나 환경 조성이 필수다. 어느 날 갑자기 수업에서 아이들에게 "질문할 사람?" 또는 "질문 있니?"라고 물어봤자, 거의 질문하지 않을 게 뻔하기 때문이다.

처음에는 교사가 미리 만든 질문으로 아이들의 생각을 자극하는 것부터 시작해 보자. 그러고 나서 아이들이 스스로 만든 질문으로 수업을 전개하는 방법을 모색해야 한다. 수업에서 자연스럽게 질문을 만들고, 생각을 나누기 위해서는 다음과 같은 환경이 뒷받침되어야 할 것이다.

■ 교사의 기다림이다

교사가 질문을 했다면 최소한 5~6초 이상 기다려야 한다. 물론 단답형의 정답이 있는 질문은 더 짧은 시간으로도 충분할 수 있다. 하지만 생각을 묻는 질문은 학생들이 생각하고 자신의 언어로 재구성해야 하므로 대답하기 위해서는 충분한 시간이 필요하다. 그런데 많은 교사는 3초도 채 기다리지 않고, 그냥 답을 말해 버린다. 교사가 곧 정답을 말해 주니, 아이들도 생각이나 대답할 필요성을 느끼지 못한다. 하지만 질문 후 생각해 볼 시간이 충분히 주어짐을 깨달으면 비로소 스스로 생각하게 될 것이다.

■ 허용적인 교사의 태도이다

학생의 질문과 답변에 대한 교사의 허용적 태도는 매우 중요하다. 때론 학생의 질문과 답변이 수업 내용에서 다소 벗어날 수도 있다. 하지만 어떤 경우에도 교사는 학생들이 질문하고 답변한 그 자체를 칭찬하는 것이 바람직하다. "어! 그렇게 생각했구나.", "그렇게도 생각할 수 있겠구나."라는 허용적 태도를 보여야 한다. 학생들이 자신의 질문과 답변에 대해 늘 교사로부터 존중받는다는 느낌을 받게 되면 훨씬 자신감을 가지고 수업에 참여할 수 있다. 아울러 존중받는다고 느낌은 수업 참여뿐만 아니라 교사와의 관계에도 긍정적 영향을 마친다.

■ 학생 스스로 질문을 만들도록 독려해야 한다

학생들에게 질문이 있느냐고 물으면 대부분 묵묵부답이다. 심지어 교사와 눈이라도 마주칠까봐 시선을 피하기 일쑤다. 하지만 일정 시간을 주면서 질문을 만들어 적어 보라고 하면 아이들은 곧잘 질문을 만든다. 여기에 아이들에게 수업 활동지에 만든 질문은 수행평가 대상이 되기도 하고, 세특에도 활용할 수 있다고 말해 주면 한층 더 정성껏 만들 것이다. 여담으로 필자가 교사 대상으로 '질문 수업' 강연 후, 질문이 있느냐고 물으면 아무도 질문하지 않는다. 하지만 포스트잇을 나눠주고 질문을 한 가지만 적으라고 요청하면 대부분 질문을 만든다. 질문을 만드는 순간 강연 내용을 상기하고 스스로 뇌를 활성화한다. 수업에서도 마찬가지다. 질문하지 않는 이유는 질문이 없어서가 아니다. 듣는 강의에 익숙하다 보니 굳이 남의 시선을 감내하며 질문하고 싶지 않을 뿐이다.

■ 상호 존중의 태도이다

학생들이 만든 질문은 각자 생각의 결과이다. 따라서 당연히 다르고, 수준 차이도 있다. 다만 질문 수업은 다름을 인정하고, 다름에서 배우는 것이 있다. 다름에는 우열이 존재하지 않는다. 따라서 학생 상호 간에 질문으로 생각을 나누는 단계에 들어가면 가장 중요한 것이 상대에 대한 존중의 태도이다. 이를 키우기 위해 교사가 먼저 학생과 모든 질문에 대한 존중의 태도를 보이는 것이 중요하고, 학생들에게도 이러한 태도를 강조해야 한다. 친구의 질문이나 답변에 대해 깔보거나 비웃는 일이 있어서는 안 된다. 서로의 다른 생각을 존중하며 배우는 것이야말로 질문 수업의 핵심임을 수시로 강조해야 한다.

> 교사의 기다림
>
> 학생 답변에 허용적 태도
>
> 학생이 질문을 만드는 수업 설계
>
> 상호 존중의 태도

| 질문 수업을 위한 필수 환경 조성
적절한 환경이 먼저 조성되어야 질문도 살아난다.

질문 수업의 원활한 운영을 위한 규칙 만들기

질문 활동이 진지하게 이루어지려면 몇 가지 규칙이 필요하다. 학생 활동 중심 수업에서는 교사의 적절한 지도와 통제가 있어야 수업이 산으로 가지 않는다. 여기서 말하는 통제는 생각과 내용에 대한 통제가 아니라, 질문하는 태도와 듣는 태도, 발언 시간 등을 말한다. 질문 수업의 궁극적인 목표는 서로의 생각을 나누고 친구의 생각을 통해 미처 생각하지 못했던 점을 배우고, 생각을 확장하는 것이기 때문이다.

질문 수업의 반은 말하기이고, 나머지 반은 듣기이다. 어느 한 사람이 일방적으로 말하지 않아야 하며, 서로 말하기와 듣기가 균형을 이루어야 한다. 이를 위해 필요한 질문 수업의 규칙은 다음의 글상자와 같다.

질문 수업의 규칙

첫째, 상대 질문을 비난하거나 판단하지 않는다. 생각이 다르면 질문도 다르다. 질문 수업을 통해 배우는 가장 큰 가치는 다름을 인정하는 것이다.

둘째, 경청하는 태도이다. 경청은 상대에 대한 존중이다. 잘 들어야 잘 말할 수 있다. 이를 위해 상대를 바라보면서, 때로는 고개를 끄덕이며 공감하는 것이 바람직하다.

셋째, 상대방의 말이 끝날 때까지 끼어들지 않는다. 질문 수업은 자유롭게 생각하고, 말하는 시간이다. 도중에 말을 끊는다면 생각도 끊기게 된다.

지금까지 설명한 조건과 규칙을 기억하며 질문 수업을 시작해 보자. 다만 수업에서 처음부터 교사가 생각하는 좋은 질문이 나오지 않는다는 점을 기억하자. 학생들도 처음에는 질문을 만들기 어려워할 수 있다. 그래서 처음에는 교사가 질문의 예시를 들어주는 것이 좋다. 이후 한 가지 주제에 대해 여러 가지 질문을 만드는 과정을 경험하며, 자신의 질문을 짝과 토론하고, 모둠에서 토론하면서 질문을 가다듬고, 선택하는 과정 등을 거치며 점차 질문 만들기에 익숙해질 것이다. 무엇보다 다른 친구나 모둠의 질문을 통해 학생들은 스스로 질문 만드는 방법을 배우게 된다.

꾸준히 질문 수업을 진행하다 보면 어느새 교사가 미처 생각하지 못한 창의적이고, 깜짝 놀랄 만한 질문들도 만나게 될 것이다. 이를 위해 교사는 자유롭게 질문하고 생각을 나누는 교실 분위기를 조성해야 한다.

06

수업에 적합한 질문

어떤 질문이
좋은 질문인가?

거듭 강조하지만, 필자는 세상에 나쁜 질문은 없다고 생각한다. 왜냐하면 질문하는 태도는 그 자체로 알고자 하는 의욕을 드러내는 것이기 때문이다. 굳이 말하자면 가장 나쁜 질문은 '묻지 않는 질문'이다. 따라서 모든 질문은 존중받아야 한다. 그러한 존중 속에서 점차 수업에 적합한 양질의 질문이 나올 수 있다.

다만 처음에는 학생들에게 질문을 만들게 했을 때, 너무 지엽적이거나 교사의 의도와 다른 질문이 나오기도 한다. 그래서 필자는 개인별로 3개 정도 질문을 만들게 한다. 더 많은 질문을 만들수록 생각도 더 많이 하게 되고, 그런 과정에서 수업에 적합한 질문에 점점 더 가까워질 것이기 때문이다. 또한 짝 토론과 모둠 토론을 거치면서 좋은 질문을 선택하게 하고, 때로는 가다듬게 한다. 그 과정에서 아이들의 질문 만들기 능력도 향상된다. 수업에 적합한 질문을 몇 가지 정리하면 다음과 같다.

■ 학습 목표 달성에 도움이 되는 질문

학습 목표는 수업에서 꼭 알아야 할 개념이나 키워드를 포함한다. 예를 들어, 문학 수업에서 학습 목표가 "문학 작품의 주제를 분석할 수 있다."라고 한다면, "문학 작품에서 주제를 파악하는 데 도움이 되는 단서를 찾을 방법은 무엇인가요?"라는 질문은 학생들이 문학 작품을 읽고 주제를 파악하는 데 필요한 단서를 찾는 방법을 고민하게 한다. 또 과학 수업에서 학습 목표가 "과학 실험을 설계하고 결과를 분석할 수 있다."라고 한다면, "과학 실험에서 올바른 실험 설계를 위해 고려해야 할 요소는 무엇인가요?"라는 질문은 학생들에게 과학적 실험의 설계에 필요한 요소들을 고민하게 한다.

■ 생각을 묻는 질문

유대인 교실에서 교사가 제일 많이 하는 말은 "마따호쉐프"이다. 우리말로 "네 생각이 뭐냐?"라고 묻는 것이다. 교사는 한 아이의 대답을 듣고 그 대답에 대해 다른 아이에게 또 묻는다. 교사는 이 질문을 여러 명에게 계속한다. 그러면 모든 학생이 생각하게 된다. 물론 정답이 있는 폐쇄형 질문도 학생 이해도를 파악하려면 필요하다. 하지만 폐쇄형 질문만 반복한다면 강의식 수업을 하고 있다는 것을 의미한다. 질문 수업의 목표는 아이들의 생각을 끄집어내는 것이다. 그래서 질문 수업에서는 짝이나 모둠에서의 생각 나누기 활동이 중요하다. 생각은 나눌수록 커지기 때문이다.

■ 적절한 난이도의 질문

학생의 이해도와 능력, 그리고 교과 지식을 고려하여 적절한 난이 도의 질문이 바람직하다. 너무 쉬우면 생각하지 않게 되고, 너무 어려워도 아이들의 생각이 미치지 못한다. 이러한 질문은 학생의 호기심이나 동기를 유발할 수 없다. 기존에 알고 있는 지식을 활 용해서 수업에서 배운 내용과 연결할 수 있는 질문이 바람직하다. 교육심리학자인 비고츠키(Vygotsky)는 성공적인 학습이 이루어지 기 위해 근접발달영역(The Zone of Proximal Development)을 주장 한다. 이에 따르면 학습자는 혼자 쉽게 해결할 수 있는 것보다 약 간 더 어려운 문제를 통해서 학습 효과를 높일 수 있다. 따라서 질 문도 바로 답할 수 있는 문제보다 또래와의 대화를 통해 해결할 수 있는 수준의 난이도일 때 훨씬 학습 효과를 높인다. 적절한 난 이도의 질문은 학생들의 학습 동기와 능력을 높이며, 학습 목표 달성에 도움을 준다.

■ 토론이 가능한 질문

논쟁이 가능한 질문은 자연스럽게 토론으로 연결되고, 토론 과정 은 자기 생각을 말로 설명하고, 상대 의견에 경청하는 시간이다. 이때도 교사는 '어느 쪽이 옳은가?'하는 승부와 경쟁이 되는 토론보다, 자신과 다른 주장을 하는 상대의 근거와 생각을 듣는 토론이 되도록 유도해야 한다. 교과서에 나오는 대립하는 사상가의 주장(예를 들어 도덕적 행동의 기준에 대한 칸트의 의무론과 벤담의 공리주의, 공정한 사회를 위한 롤스와 노직의 입장, 공자와 노자의 예(禮)에 대한 윤리관) 차이를 활용하는 질문은 단순한 논리적 찬반 토론이 아니라, 수업에서 배운 지식을 활용하는 좋은 질문이 될 수 있다.

■ 삶과 연결하는 질문

배움의 목적은 지식을 삶과 연결하는 것이다. 하지만 그동안 입시 위주의 교육 환경에서 시험과 수능에만 연결하는 공부를 해왔다. 즉 생각이 아니라 지식을 확인하는 질문만 오가는 수업이었다. 하지만 수업에서 막상 질문을 만들게 하면 많은 학생이 배운 내용을 자기 삶과 연결하는 질문을 만든다. 예를 들어 벤담의 공리주의 수업에서 "공리주의는 이익이 되는 행위가 선이다. 그런데 실패는 손해이고 고통이다. 그렇다면 실패는 그릇된 행동일까?"라는 현실적 질문을 한다. 문학 수업에서 "내가 만약 주인공이라면 어떤 선택을 했을까?"라는 질문을 통해 학생들은 소설 속 인물의 내면 갈등과 현실을 비교하며 생각의 폭을 넓히는 계기가 된다.

■ 사회 변화를 모색하는 질문

질문은 인류에게 변화와 발전의 동력이 되었다. 실제로 모든 인문학과 자연 과학은 질문에 해답을 찾는 과정이었다. 수업에서도 마찬가지다. 개인과 사회가 더 나은 방향으로 나아가기 위한 변화를 모색하는 질문이 좋은 질문이다. 예를 들어 윤리 수업에서 "도가의 사상은 현대 사회에 어떤 시사점을 제공할 수 있을까?"라는 질문은 물질과 편리함 위주의 현대 문명을 무위자연의 관점에서 반성해 볼 기회를 준다. 과학 수업에서 "기후 변화는 우리 일상생활에 어떤 영향을 미치고 있을까요?"라는 질문은 학생들에게 기후 변화의 과학적 원리를 이해하고, 우리 일상에서 관찰되는 현상과 연결하는 기회를 제공할 것이다. 학생들은 온실 효과, 자연재해 등과 일상생활의 요소들을 연관시키며 생각할 수 있다.

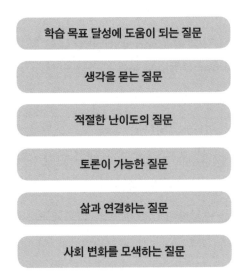

▌수업에 적합한 질문들

학생들의 모든 질문은 존중받아야 한다. 그러한 존중 속에서 여러 질문을 만들어 보면서 점점 수업에 적합한 양질의 질문이 나올 수 있다.

07

수업 단계별 질문

수업 단계별로
어떻게 질문할 것인가?

수업 단계별 질문
- - - - - - - - - - -

질문은 수업 시간 내내 학생들의 호기심과 집중력을 끌어낸다. 특히 수업 단계에 맞게 질문하면 효과는 배가된다. 이에 1장을 마치면서 아이들의 흥미와 참여도, 학습 효과를 높이는 수업 단계별 질문을 살펴보자.

■도입 단계: 수업에 호기심을 갖게 하여 학습동기를 유발하는 질문
단원 내용과 관련해서 아이들의 일상이나 기존에 배운 내용과 관련한 질문을 통해 새롭게 배울 내용과 연결한다. 예를 들어 고등학교 「사회 정의와 불평등」 단원에서 "너희들이 살면서 불공정하

거나 불평등한 일을 경험한 일이 있을까?", "우리 사회에서 불공정하거나 불평등한 일은 어떤 경우일까?"를 질문하면서 아이들의 답변과 수업을 자연스럽게 연결하는 식이다. 또한 학습 목표로 질문을 만들게 하는 것도 좋은 동기유발 활동이다. 도입 단계에서 아이들이 만든 질문으로 수업을 전개할 수도 있다.

■ 전개 단계: 질문으로 아이들의 탐구 활동을 촉진

질문은 텍스트에 대한 이해도를 높여서 스스로 정보를 찾고 학습하는 능력을 키운다. 또한 아이들의 자발적 탐구력과 주제에 대한 비판적 사고와 분석 역량을 높인다. 아울러 닫힌 질문을 통해 이해 여부를 확인하고, 열린 질문을 통해 생각을 자극한다. 학생들의 답변을 통해 교사는 수업의 난이도와 방향을 조절할 수 있다. 또한 아이들이 직접 만든 질문으로 생각을 나누고, 토론하고, 탐구함으로 모든 학생을 수업에 참여하게 할 수 있다.

■ 정리 단계: 학습 목표 도달 여부 파악 및 수업 내용의 반추

주요 내용에 대해 확인 질문을 하거나, 학생들이 만든 질문들을 공유하면서 질문과 배운 내용을 연결한다. 각자가 만든 사실 질문을 짝과 퀴즈 형식으로 맞추게 하고, 짝이 모르면 설명해 주게 한다. 심화 질문으로는 각자의 생각을 적게 하여 지식을 확장하여, 삶과 사회에 적용하게 한다. 이를 통해 그날 배운 내용을 자연스럽게 복습하면서 메타인지 능력도 키우게 된다.

이상에서 정리한 것처럼 질문 수업은 내용뿐만 아니라, 공부하는 방법도 알게 한다. '질문이 없는 수업'은 교과서 지식만을 전달하지만, '질문이 있는 수업'은 배움의 범위를 교과서 너머 삶과 사회로 확장시킬 수 있다. 진정한 배움은 시험만을 위한 지식이 아니라, 배운 내용을 삶과 사회와 연결하는 것이다. 그리고 그것을 가능하게 하는 것이 **질문**이다.

어떻게 질문할 것인가?

앞에서 주로 질문 수업의 정의와 교육적 의의, 뒷받침되어야 할 조건, 수업에 적합한 질문의 요건, 수업 단계별 질문 등을 알아보았다. 아무리 나쁜 질문은 없다고 해도, 제한된 수업 시간에 가능하면 학생들이 양질의 질문을 주고받을 수 있으면 좋지 않을까? 그래서 2장에서는 탐구 질문을 포함하여 몇 가지 질문 전략을 소개함으로써 배움을 키워가는 질문을 하는 방법을 소개하려고 한다. 즉 학생들과 함께 수업에서 배움을 키우는 양질의 질문을 만들기 위한 구체적인 전략에 대해 살펴볼 것이다. 이러한 전략들은 뒤에서 소개할 질문 놀이나 질문 수업 모형 등에서도 질문을 만들 때 사용되므로 잘 기억해 두기 바란다.

2장

질문 만들기
전략

좋은 질문을 할 수 있다면 답은 이미 나와 있는 것과 다름없다. 좋은 질문은 떨떠름한 기분을 말끔히 털어낼 수 있고, 질문이 행동으로 이어져 자신이 원하는 결과를 얻을 수 있다.

- 모기 겐이치로,《좋은 질문이 좋은 인생을 만든다》중에서

질문의 전제

생각하지 않으면
질문도 없다

생각하기 싫어요

질문은 생각에서 나온다. 간혹 교사나 부모가 뭔가 물으면 곧장 이렇게 대답하는 아이들이 있다.

　"그냥요."

　"몰라요."

이런 식의 대답은 곧 '**생각하기 싫다**'라는 의미로도 해석된다. 고 (故) 이어령 교수는 《생각 깨우기》에서 "자기 안에 물음표가 없어서 아무것도 묻지 못하는 사람은 건전지를 넣고 단추를 누르면 그냥 북을 쳐 대는 곰 인형과 다를 바가 없다."라고 말한다.

우리 아이들은 건전지로 작동하는 곰 인형이 아니다. 스스로 생각하여 끊임없이 내면에 물음표를 만들어 가도록 도와야 한다. 생각과 질문의 선순환 속에서 생각은 점점 깊어지고, 질문의 질도 더욱 높아지는 것이다. 노벨 물리학상을 받은 이시도르 라비의 이야기는 유명하다. 그는 다음과 같이 말한다.

"학교에서 집에 돌아오면 저의 엄마는 오늘 학교에서 무슨 질문을 했는지 물었습니다. 어머니는 그럴 의도도 없이 나를 과학자로 만들었습니다."

학생들은 왜 질문을 어려워하는가?
- -

일상적인 꾸준한 질문이 이시도르 라비를 위대한 과학자로 만든 원동력이 된 셈이다. 이에 비해 우리 문화는 질문하려면 용기가 필요하다. 학생은 질문에 대해 다음과 같은 어려움을 느낀다.

- 내가 모른다는 사실이 부끄러운 일은 아닐까?
- 내가 하는 질문이 너무 사소한 질문은 아닐까?
- 머릿속에 떠오른 질문을 말로 어떻게 표현할까?
- 내가 질문해서 수업 흐름에 방해가 되지 않을까?
- 내 질문을 선생님이나 친구들이 어떻게 생각할까?

교사들은 왜 질문을 부담스러워하는가?

학생만 질문에 어려움을 느끼는 것은 아니다. 교사도 질문 수업에 대해 다음과 같은 부담이 있다.

- 이상한 질문으로 수업 진행에 차질이 없을까?

- 질문 수업이 평가와 진도에 적절할까?

- 학습 목표 도달을 이끄는 질문 수업은 어떻게 할까?

- 어떻게 하면 아이들이 좋은 질문을 만들 수 있을까?

- 예상하지 못한 질문으로 곤란을 겪지는 않을까?

이처럼 질문은 학생 입장에서 자신의 무지가 드러나는 것이 두렵고, 다른 사람 앞에서 말하는 것도 용기가 필요한 일이다. 한편, 교사 입장에서는 아이들로부터 어떻게 하면 수업에 적합한 질문을 만들게 할까를 고민한다. 이제부터 본격적으로 좋은 질문을 만드는 구체적인 전략에 대해 살펴보기로 하자.

나침반 세우기

성취기준으로 탐구 질문을 만든다

2022 개정 교육과정과 탐구 질문

2025년 중·고등학교 입학생부터 전면적으로 도입될 2022 개정 교육과정은 인공지능 기술 발전에 따른 디지털 전환과 기후·생태 환경 변화 등 불확실성이 증가하고 있는 미래 사회에 대응하기 위해 개정되었다. 포용성과 창의성을 갖춘 주도적인 인재 양성에 목적이 있다. 포용성으로 전통적인 가치인 공동체적 소양을, 창의성으로 미래 사회 대응 역량을 아우르고 있다.

교육과정 개정에 따라 수업도 단순 지식 전달을 넘어서서 각 교과의 고유한 핵심 개념과 핵심 아이디어를 바탕으로 학습 경험의 폭과 깊이를 확장하도록 변화해야 할 것이다. 따라서 교사는 학생이 스스로 탐구하고 학습하는 기회를 통해 자기 주도 학습 능력을 키우도록 수업 설계를 해야 한다. 교육부도 앞으로 수업 시간에 학생들이 학습 주제에서 다루는 '탐구 질문'에 관심과 호기심을 가지고 스스로 문제를 해결해 볼 수 있도록 학생 참여형 수업 활성화를 교육과정개정안에 명시하고 있다.

여기에서 우리가 주목할 점은 바로 **탐구 질문**이다. 탐구 질문은 '정답 찾기'가 아닌 여러 관점과 해석을 유도하는 질문으로서, 학생의 호기심을 자극하고 의미 있는 탐구와 비판적 사고가 이루어지도록 한다. 즉 탐구 질문은 암기가 아니라 능동적인 탐구, 비판적 사고, 여러 관점에서 해석을 촉진한다는 점에서 깊이 있는 학습 도달에 중요한 역할을 담당한다. 탐구 질문을 만드는 과정은 다음과 같다.

첫째, 교육과정 이해하기이다. 교과의 핵심 개념, 핵심 아이디어를 파악하고, 성취기준을 분석한다.

둘째, 성취기준을 바탕으로 학생들이 수업을 통해 도달하기를 기대하는 탐구 질문을 만든다. 이는 학생들의 호기심을 자극하고 탐구 활동을 끌어내는 질문이어야 하고, 이를 통해 학습 목표가 달성되어야 한다.

셋째, 질문 검토 및 수정하기이다. 탐구 질문이 교육과정의 목표와 부합하는지 확인하고, 질문의 적절성, 명확성, 학생 수준 등을 검토하여 필요시 수정한다.

탐구 질문을 만들기 위한 성취기준 분석

탐구 질문을 만들기 위해서는 성취기준에 대한 분석이 필요하다. 여기에서는 고등학교 통합사회 1단원을 통해 탐구 질문을 만드는 과정을 알아보고, 이를 바탕으로 한 수업 설계안을 소개하는데, 단원 개요와 성취기준을 정리하면 다음 표와 같다.

단원명	인간, 사회, 환경의 탐구와 통합적 관점
핵심 개념	시간, 공간, 사회, 윤리, 통합적 관점
핵심 아이디어	시간적, 공간적, 사회적, 윤리적 측면을 함께 고려하는 통합적 관점의 적용을 통해 인간, 사회, 환경의 특성 및 관련 문제를 잘 파악할 수 있다.
성취기준	[10통사1-01-01] 인간, 사회, 환경을 바라보는 시간적, 공간적, 사회적, 윤리적 관점의 의미와 특징을 사례를 통해 **파악한다.**
	[10통사1-01-02] 인간, 사회, 환경의 탐구에 통합적 관점이 요청되는 이유를 도출하고 이를 탐구에 **적용한다.**

우선 탐구 질문을 만들기 위해 성취기준을 분석해 보자. 성취기준은 명사와 동사로 쓰여있다. 학생들이 꼭 알아야 할 핵심 개념은 명사로, 이를 달성하기 위한 과정과 활동은 동사로 표현된다. 성취기준 [10통사1-01-01], [10통사1-01-02]를 분석하면 다음과 같다.

구분	성취기준 내용	
명사	• 시간, 공간, 사회, 윤리, 통합	
동사	• 파악한다.	• 도출하고 탐구에 적용한다.

성취기준의 분석에서 교사가 반드시 유의해야 할 점이 있다. 그건 바로 **동사에 초점**을 두어야 한다는 점이다. 왜냐하면 교사가 명사에 초점을 두고 수업 설계를 할 경우 개념을 전달하기 위한 강의 수업으로 나아가기 쉽기 때문이다. 하지만 동사에 초점을 두면 학생들이 파악하고, 적용하기 위해 어떠한 과정이 필요한지, 즉 학생 활동을 염두에 둔 수업 설계를 자연스럽게 고민하게 된다. 방금 예시로 든 단원에서 학생들이 도달해야 할 성취기준을 분석해서 탐구 질문을 만들어 보면 다음과 같다.

- 시간적, 공간적, 사회적, 윤리적 관점이란 무엇인가?
- 사회 현상을 통합적 관점으로 파악할 수 있는가?
- 사회 현상을 통합적 관점으로 탐구할 수 있는가?

탐구 질문을 바탕으로 한 수업 설계 사례

필자는 이러한 탐구 질문에 따라 수업 설계를 했다. 우선, 사례를 통해 네 가지 관점의 의미와 특징을 **파악해야 하므로** 교과서에 나온 커피와 기후변화를 사례로 들었다. 이를 위해 교사는 네 가지 관점에 대해 설명하고, 학생들의 이해도를 높이기 위해 사실 질문 4가지 만들기, 심화 질문 1가지 만들고 짝과 하브루타 활동 등을 하도록 하였다. 차시별 수업 전개는 다음과 같다.

■ 1차시: 커피를 통해 살펴보는 다양한 관점

시간적 관점	커피가 세계적인 음료가 된 시대적 배경
공간적 관점	커피 생산국과 수입국의 지리적 특성
사회적 관점	커피 선호도에 영향을 미치는 사회 구조
윤리적 관점	도덕적 가치 실현을 위한 공정 무역 커피 소비

■ 2차시: 기후변화를 통해 살펴보는 다양한 관점

시간적 관점	기후변화 원인 : 산업혁명 이후 온실가스 배출량 증가
공간적 관점	지역별 영향 : 빙하 감소, 해수면 상승, 해안 지대 침수
사회적 관점	국제적 노력 : 교토의정서, 파리협정
윤리적 관점	책임 : 선진국과 현세대

1차시와 2차시 수업을 통해 학생들은 커피와 기후변화에 대해 4가지 관점, 즉 시간적 관점, 공간적 관점, 사회적 관점, 윤리적 관점으로 다양하게 생각해 볼 수 있었다. 또한 통합적 관점이 요청되는 **이유를 도출하고, 이를 탐구에 적용**하기 위해 프로젝트 수업으로 자신을 네 가지 관점으로 자신을 성찰하기, 진로나 관심 주제에 대해 네 가지 관점으로 탐구하기 활동을 실시했다.

■ 3차시: 나를 다양한 관점에서 성찰하기

시간적 관점	살면서 의미있는 일이 있었던 나이나 시기, 터닝 포인트
공간적 관점	삶의 공간 : 집, 가정, 학교, 지역 사회 등과 자신의 삶 연결하기
사회적 관점	자신에게 영향을 준 인간 관계 : 부모님, 선생님, 친구, 연예인, 롤모델 등
윤리적 관점	가치있게 생각하는 덕목과 실천 사례, 선행 등

아래의 그림은 수업에서 학생이 실제로 작성한 결과물이다. 시간
적, 공간적, 사회적, 윤리적 관점에서 나 자신을 성찰한 후에 통합
적 관점에서 자신을 표현해 본 것이다.

| 3차시 산출물 예시
　통합적 관점으로 나 성찰하기 산출물

▪ 4차시: 진로나 관심 주제에 대해 탐구하기

시간적 관점	주제에 대한 시간적 배경과 맥락
공간적 관점	주제에 대한 장소, 영역, 네트워크
사회적 관점	사회적 의미와 영향 등
윤리적 관점	가치와 규범, 윤리적 의미 등

아래의 그림도 진로 및 관심 주제를 통합적 관점에서 학생이 정리
한 결과물이다. 이어 68~69쪽에서 1~4차시에 걸친 실제 수업 설
계안을 제시하였다.

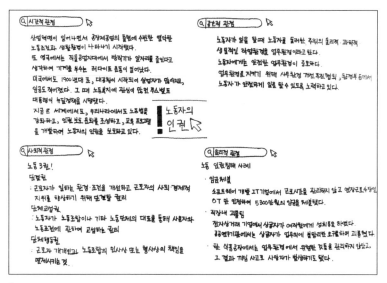

▌ 4차시 산출물 예시
통합적 관점으로 진로나 관심 주제 탐구하기 산출물

| 실제 수업 설계안 |

단원명	인간, 사회, 환경의 탐구와 통합적 관점		핵심 개념	시간, 공간, 사회, 윤리, 통합적 관점
차시	탐구 질문	교수-학습활동	평가 계획	피드백 계획
1	• 시간적, 공간적, 사회적, 윤리적 관점이란 무엇인가? • 사회 현상을 통합적 관점으로 파악할 수 있는가?	• 시간, 공간, 사회, 윤리적 관점 이해 • 커피 확산 배경을 통합적 관점으로 파악하기 - 교과서 읽고 활동지 빈칸 채우기 - 교사 내용 정리 • 질문 만들기 활동 - 사실 질문 4가지 만들기 - 심화 질문 1개 만들고 생각쓰기 - 질문으로 짝과 퀴즈 활동하기 - 짝이 틀리면 친구 가르치기 활동	• 수행평가 (활동지 포트폴리오)	• 질문 개인 피드백
2	• 사회 현상을 통합적 관점으로 파악할 수 있는가?	• 기후변화를 통합적 관점으로 파악하기 • 교과서 읽고 활동지 빈칸 채우기 - 교사 내용 정리 • 질문 만들기 활동 - 심화 질문 3개 만들기 • 질문 하브루타 • 질문 한 바퀴 활동 (239쪽 참조) - 학생들은 포스트잇을 들고 다니며 7곳의 질문에 자기 생각 쓰기	• 수행평가 (활동지 포트폴리오)	• 질문 개인 피드백 • 질문 한 바퀴 활동중 질문 피드백

단원명	인간, 사회, 환경의 탐구와 통합적 관점			핵심 개념	시간, 공간, 사회, 윤리, 통합적 관점
차시	탐구 질문	교수-학습활동		평가 계획	피드백 계획
3	• 사회현상을 통합적 관점으로 탐구할 수 있는가?	• 통합적 관점으로 자기 성찰하기		• 수행평가	• 활동중 개인 피드백
		시간	의미 있는 일이 일어난 시기		
		공간	삶의 공간 : 집, 학교, 학원		
		사회	삶에 영향을 준 사람 : 부모, 선생님, 친구, 롤모델		
		윤리	가치있게 생각하는 덕목 윤리적 행위 실천 사례		
		• 다양하게 표현하기 : 인포그래픽, 마인드맵, 비주얼씽킹 등 • 배우고 느낀 점 쓰기			
4	• 사회현상을 통합적 관점으로 탐구할 수 있는가?	• 진로, 관심 주제, 사건 등을 통합적 관점으로 살펴보기 - 넓은 주제보다 세분화된 주제 선택할 것(예 : 축구 → 손흥민, 맨유 등) • 다양하게 표현하기 : 인포그래픽, 마인드맵, 비주얼씽킹 등 • 배우고 느낀 점 쓰기		• 수행평가	• 활동중 개인 피드백

03

왜? 만약에? 나라면?

의미 있는 질문을
쉽게 만드는 전략은?

지금부터 질문을 만드는 구체적인 전략들을 살펴보자. 필자는 매년 울산의 도덕과 신규 임용 교사를 대상으로 멘토링 활동을 하고 있다. 3~6명의 교사와 1년 간 6~8회 만나 수업, 학급 운영, 학생·학부모 상담 등 학교 적응을 돕는다. 활동의 핵심은 아무래도 수업 나눔이다. 필자의 질문 수업과 프로젝트 수업을 소개하고, 신규 교사들이 실천한 수업도 공유하며 서로 배우고 성장하고 있다. 중학생을 가르치는 어느 멘티로부터 다음과 같은 문자를 받았다.

> "선생님. 다름이 아니라 제가 질문 만들기를 하고 있는데 아이들이 너무너무 어려워서요. 혹시 조언해 주실 게 있으신지 여쭤보려고 연락을 드렸어요. 다음에 저희 만날 때까지 수업의 후기를 준비해 볼게요!"

이러한 멘티의 도움 요청에 대해 가장 먼저 떠오른 방법이 있었다. 필자는 세 가지 단어, 즉 '왜? 만약에? 나라면?'으로 질문을 시작하라고 조언했다. 이후 다음과 같은 답장을 받았다.

> "선생님~ 오늘 오전 첫 수업 했는데 너무 잘됐어요. 특히 왜? 만약에? 나라면? 이라는 질문을 사용하게 하니까 훨씬 잘하게 되는 것 같아요. 감사합니다.^^"

'왜? 만약에? 나라면?' 이 세 질문이 어떻게 학생들이 쉽고 의미 있는 질문을 만들게 하는지를 하나씩 알아보자.

왜?

'왜?'는 **이유를 묻는 질문**이다. 텍스트를 그대로 수용하기보다 주체적으로 대한다. 주로 철학자와 과학자들의 질문이기도 하다.

■ 상황이나 문제의 근본 원인에 접근하는 질문
'왜?'는 문제나 텍스트에 드러나지 않는 이면의 본질적인 이유를 찾아내게 한다. 따라서 임시방편을 넘어 더 나은 근본적 해결책을 찾을 수 있도록 도와준다. 결국 '왜?'는 문제의 원인과 해결책을 연결하는 질문이다.

■ 학습에 도움을 주고, 스스로 탐구하게 하는 질문

학생들이 체감하는 주요 효과 중 하나인데, 다음은 사교육 없이 연세대 응용통계학과에 진학한 이하은 양의 이야기다.

> "저는 문장을 읽으면서 이거 왜지? 이거 왜지? 이거 왜지? 라는 질문을 대화하듯 계속했어요. 교과서를 한 줄 한 줄씩 꼼꼼하게 읽으면서 이 말은 왜 나왔을까? 왜 이렇까?를 끊임없이 묻습니다. 책 뒤에 저자가 있다고 생각하고 저자가 왜 나에게 이렇게 이야기하는 걸까?를 생각합니다. 그리고 스스로 해답을 찾습니다. 인터넷 검색을 해서 해결되지 않으면 포스트잇에 적어서 수시로 생각합니다. 그래도 해결 안 되는 것은 선생님에게 질문합니다. 이렇게 일회독하면 웬만한 개념은 모두 제 것이 됩니다." – 필자의 브런치 〈전교 1등의 공부법〉 중에서

만약에?
- - - - - -

'만약에?'는 **상상력과 창의력을 자극하는 질문**이다. 텍스트 속 상황과 문제를 다른 방향으로 생각하게 하여 새로운 생각을 끌어낸다.

■ 가정하는 질문으로 미래의 다양한 가능성에 대해 탐색하게 한다

'만약에?' 질문을 통해 새로운 아이디어와 해결책을 도출하고, 창의적인 사고를 촉진하여 새로운 방향을 모색하게 한다.

■ 제일 나은 선택에 도움을 준다

어떤 상황에서 여러 가지 선택지가 있을 때 각각의 선택에 대해 '만약에?'라는 질문을 통해 선택의 결과와 영향을 예측할 수 있다. 따라서 미래의 가능성을 고려하고, 잠재적인 위험을 파악하게 함으로써 좀 더 바람직한 결정을 내리게 한다.

나라면?

'나라면?'은 **배움과 삶을 연결하는 질문**이다. 교과서의 텍스트가 학생들의 삶으로 확장될수록 배움의 효과는 배가된다. '나라면?'은 텍스트를 학생들의 이야기로 확장해 주는 좋은 방법이다. 질문에 대한 답을 찾는 과정에서 자연스럽게 자기 삶을 풀어낸다. 수업에서 문제 상황이나 딜레마가 있을 때 '나라면 어떤 행동을 했을까?'라는 질문을 통해 자신의 문제로 가져올 수 있다.

■ 문제 상황에서 제시된 해결책과 다른 문제 해결 방법을 생각하게 한다

'나라면?' 하고 질문하면서 자신의 선택과 결과에 대해 스스로 유추하면서 선택의 이유와 정당성을 찾게 한다. 결국, 자신의 신념과 원칙을 문제 해결에 대입하여 자기 결정력을 강화하고, 책임감을 갖게 한다.

■ 상대방을 이해하는 데 도움을 준다

상대방의 잘못이나 실수 등 행동에 대해 비난하기보다 '만약 내가 저 사람이라면 어떻게 할까?'라는 질문을 통해 상대를 이해하고 상대와 함께 문제 해결책을 모색할 수도 있다.

왜? 만약에? 나라면? 질문의 수업 적용 예시

이제부터 이 세 가지 질문이 수업에서 어떻게 적용되는지 살펴보자. 다음은 고등학교 통합사회 교과서 「행복의 조건」에서 '도덕적 성찰과 실천'에 나오는 내용이다. 이 내용을 토대로 학생들이 직접 만든 '왜? 만약에? 나라면?' 질문도 함께 소개한다.

> 양심의 소리에 귀 기울이지 않고 선하게 살아가는 것에 관심을 두지 않는 사람이 있다면, 그는 과연 진정으로 행복한 것일까? 행복한 삶을 실현하려면 도덕적으로 행위를 하고 성찰하며 살아가야 한다.
>
> 도덕적으로 살아간다는 것은 자신의 삶에서 마주하는 여러 문제를 도덕적으로 사고하고 느끼며 행동하는 것을 뜻한다. 도덕적 사고는 무엇이 옳은지, 무엇이 선한지를 인식하고 판단할 수 있게 해 주며, 도덕적 감정은 타인을 아끼고 배려하는 사랑과 공감의 기초가 된다. 이러한 도덕적 사고와 감정을 실천으로 옮기려면 선하게 살고자 하는 의지를 지녀야 한다.[1]

■ 왜? 질문 예시

- 왜 우리는 도덕적으로 살아야 하는가?

- 왜 도덕적 사고와 도덕적 감정이 필요한가?

- 왜 도덕적으로 성찰하고 실천해야 행복한가?

- 왜 어떤 사람들은 도덕적인 삶을 살지 않는가?

- 왜 어떤 사람들은 손해를 입고도 다른 사람을 돕는가?

■ 만약에? 질문 예시

- 만약에 도덕이 없다면 사회는 어떻게 될까?

- 만약에 전 세계 모든 사람이 선하다면 모두 행복할까?

- 만약에 범죄로 돈을 번 사람이 있다면 행복할 수 없는가?

- 만약에 도덕적이지 않으면서 행복을 느끼는 사람은 없을까?

- 만약에 자신을 성찰하지 않은 않는 자세를 지닌다면 어떻게 될까?

■ 나라면? 질문 예시

- 나는 도덕적으로 선하게 살고자 하는 의지가 있는가?

- 나는 도덕적 사고와 도덕적 감정을 갖고 살고 있는가?

- 나는 도덕적인 삶을 살기 위해 어떤 노력이 필요한가?

- 나라면 피해가 예상되는 상황에서도 도덕심을 지킬 수 있을까?

- 나라면 친구가 도덕적이지 않은 행동을 할 때 어떻게 할 것인가?

....

1. 구정화·변순용·장준현·김재준·황병삼·최준화·황지숙·박상재·엄정훈·한보라, 《고등학교 통합
   사회》, 천재교육, 2021, 34쪽.

내용·심화·적용·종합

질문에 무엇을
담아내야 하는가?

다음으로 살펴볼 질문 전략[2]은 질문의 알맹이, 즉 질문에 무엇을
담아낼 것인가에 관해서다. 질문에 담긴 내용에 따라 질문 유형은
단계별로 다음과 같이 네 가지로 분류할 수 있다.

- 내용 질문(사실 질문)
- 상상 질문(심화 질문)
- 적용 질문(실천 질문)
- 종합 질문(메타 질문)

....

2. 여기에서 소개하는 질문법은 유대인의 공부법인 하브루타를 우리나라 교육 풍토에 맞게 접목
   한 고(故) 전성수 교수님이 정리한 방법임을 밝힌다.

내용(사실) 질문

- - - - - - - - - -

내용(사실) 질문은 **텍스트에서 답을 찾을 수 있는 질문**이다. 내용을 자세하게 파악하는 데 도움을 주고, 단어와 문장의 뜻에 집중하여 의미에 접근하게 한다. 질문 수업의 출발은 텍스트의 내용이다. 만약 내용을 전혀 모르면 깊이 있는 대화와 토론이 제대로 이루어질 수 없기 때문이다. 따라서 내용 질문은 기본 내용 파악을 통해 다음 단계의 질문으로 나아가게 한다.

주로 '누가?'. '언제?', '어디에?'와 같은 형태로 나타난다.

심화(상상) 질문

- - - - - - - - - -

심화 질문은 **사고의 확장을 요구하는 질문**이다. 텍스트를 바탕으로 본문 내용 너머의 의미를 상상하거나, 유추하고 텍스트가 함축하는 진짜 의미를 생각하게 하는 질문이다. 텍스트를 바탕으로 본문 너머의 의미를 유추하고 연상하는 시간이다.

이때부터 정답이 없으므로 하나의 질문에 대해 다양한 해석이나 생각 차이가 나타난다. 주어진 텍스트에 근거해서 저마다 생각을 통해 해답을 찾도록 하는 것이 바람직하다.

심화 질문을 만들 때 '만약에', '왜?'로 시작하는 질문은 더 깊은 생각을 끌어낼 수 있을 것이다.

구분	질문
사실 질문	1. 시간적 관점에서는 무엇을 중시할까? (사회현상에 대해 시대적 배경과 맥락을 중시)
	2. 커피 수입국은 대부분 어디일까? (대부분 선진국에서 수입)
	3. 커피 선호도에는 무엇이 영향을 끼쳤을까? (서구식 음식 문화가 보편화 되었기 때문.)
	4. 커피를 올바르게 소비하려면 무슨 노력을 해야할까? (공정무역 커피를 소비해야 함.)
심화 질문	공정무역 커피를 소비하는 것이 개발 도상국 노동자들에게 도움이 된다면 사람들이 정말로 공정무역 커피를 소비할까?
생각 쓰기	요즘은 물가도 오르게 되면서 사람들은 '더 싼'것을 원하는 경우가 많아졌다. 그러기 때문에 값은 더 싸면서 양은 더 많은 커피를 선호한다. 그런데 과연 공정무역 커피가 개발도상국 노동자들에게 도움이 된다고 사람들이 공정무역 커피를 소비할까? 나는 어느 커피숍이 공정무역 커피를 소비하는 지도 모르기 때문에 그냥 커피를 소비할 것 같다.

▌사실 질문과 심화 질문 만들기

질문 수업의 시작은 텍스트의 내용이다. 하지만 질문이 깊어질수록 점점 저마다 텍스트 너머로 생각을 발전시키게 된다.

적용(실천) 질문
- - - - - - - - - -

적용 질문은 텍스트 내용을 내 삶에 어떻게 적용하고 실천할 것인가를 모색하기 위한 질문이다. 즉 **지식을 일상생활과 연결하는 질문**이다.

주로 '나라면?', '어떻게?'와 같은 형태로 나타나며, 개인의 실천을 넘어 사회 문제의 해결책에 접근하기도 한다.

종합(메타) 질문

종합질문은 앞의 **세 질문을 관통하는 질문**이다. 내용 전반에 대한 평가와 판단, 그리고 새로운 견해를 끌어내는 질문이다. 여러 가지 요소를 종합적으로 고려하여 전체적인 개념이나 상황에 대한 해석이나 가치와 교훈을 묻는다.

주로 '배운 점은?', '느낀 점은?' 등의 형태로 나타난다.

내용-심화-적용-종합(메타) 질문의 수업 적용 예시

다음은 고 1 통합사회 수업 「행복의 조건」 단원에서 함께 읽은 지문이다. 그리고 이 지문에 대해 학생들이 만든 질문 사례도 함께 소개한다.

어느 심리학 실험에서 한 무리의 참가자를 대상으로 오전에 행복감을 측정하였다. 그런 후에 각 사람에게 봉투 하나씩을 나눠 주었다. 거기에는 5달러짜리 혹은 20달러짜리 지폐가 들어 있었다.

그리고 실험자는 참가자의 절반에게 "이 돈을 전부 자기 자신을 위해 쓰시오."라고 지시하였고, 다른 절반에게는 "이 돈을 전부 다른 사람을 위해 쓰시오."라고 지시하였다. 오후가 되자, 돈을 다 사용하고 실험실로 돌아온 참가자들을 대상으로 행복감을 다시 한번 측정하였다.

어떤 사람의 행복이 오전보다 더 증가하였을까?

바로 '남을 위해서' 돈을 쓴 사람들이었다. 더 흥미로운 점은 남을 위해 5달러를 썼는지, 20달러를 썼는지는 중요하지 않았다는 사실이다. 다시 말해서 남을 위해서 5달러를 쓴 사람도 20달러를 쓴 사람과 같게 행복감이 증가하였다. 나눔은 액수의 문제가 아니다. '형편이 나아지면 크게 베풀겠다.'라는 생각에도 진정성은 있다. 그러나 적은 액수이지만, 지금 당장 베푸는 것이 행복을 위해서는 더 현명한 길임을 이 실험은 분명하게 가르쳐 주고 있다.

– 최인철, 〈Present〉**3**

■ 내용(사실) 질문 사례

- 자신을 위해 돈을 쓴 사람과 남을 위해 돈을 쓴 사람 중 누가 더 행복했는가?
- 베풂의 액수는 행복도에 영향을 미치는가?
- 많은 액수를 기부할수록 행복도 커지는가?
- 여유가 있을 때 베푸는 것과 지금 베푸는 것 중 어느 것이 더 현명한가?

■ 심화(상상) 질문 사례

- 남을 위해 어떻게 돈을 썼을까?
- 만약에 훔친 돈을 타인에게 기부한다면 행복할까?

....

3. 구정화·변순용·장준현·김재준·황병삼·최준화·황지숙·박상재·엄정훈·한보라, 《고등학교 통합 사회》, 천재교육, 2021, 34쪽.

- 만약 나를 위해 돈을 사용할 때가 더 행복했다면 사회는 어떻게 될까?
- 만약 나를 위해 돈을 사용해서 행복을 느낀다면 도덕적이지 않은 사람인가?
- 만약 참가자가 받은 돈이 아닌 자기 돈을 쓰라고 해도 같은 결과가 나왔을까?

■적용(실천) 질문 사례

- 나는 과연 이타적인 사람인가?
- 내가 실험자라면 어떻게 돈을 쓰는 것을 원했을까?
- 나라면 남을 위해 쓰라고 했다면 어디에 썼을까?
- 우리 사회는 기부가 활발한 문화인가?
- 나의 재능과 돈을 남을 위해 쓴다면 나는 행복할까?
- 나는 어른이 되었을 때 얼마나 기부할 수 있을까?
- 이야기를 통해 내가 실천해야 할 바는 무엇인가?

■종합(메타) 질문 사례

- 남을 위해 돈을 쓴 사람이 행복한 이유는 무엇인가?
- 행복도가 남을 위해서 돈을 쓴 액수와 무관하다는 것은 무엇을 의미하는가?
- 이 이야기의 교훈(배우고 느낀 점)은 무엇인가?
- 현대 사회는 개인주의 사회인데 왜 이타적인 행동이 행복을 줄까?

라파엘 4단계 모형

질문을 통해 배움을
심화시키다

이번에 소개할 전략은 학생들이 학습한 내용을 심화시키는 데 도움이 될 만한 질문법이다. 시카고 일리노이 대학의 라파엘 교수가 고안한 4단계 방법으로, 질문(Question)-대답(Answer)-관계(Relationship)에 따라 질문을 만든다. 질문에 대한 답을 찾는 동안 자연스럽게 학습 내용을 익힐 수 있는 질문 생성 전략으로 단계별 질문 내용을 활동지에 적게 하는 것이 효과적이다.

단계별 질문 내용의 핵심을 요약하면 다음과 같다. 먼저 '텍스트에서 질문 찾기'는 질문을 만들고 답하는 과정에서 텍스트 내용을 이해하고 파악하게 한다. '나에게서 질문 찾기'는 저자에게 질문하거나 나의 삶이나 사회에 적용하는 질문을 만들어 답하면서 적용하고 실천하게 하는 질문이다.

라파엘 4단계 모형에 따른 단계별 질문 전개

지금부터 라파엘의 질문 대답 관계 모형에 따라 어떻게 질문이 전개되는지 좀 더 자세히 살펴보자.

■ 1단계: '바로 거기에' 질문
사실 확인 질문으로 텍스트에서 답을 찾을 수 있는 질문이다.

- 언제, 어디서 일어난 사건인가?

- 누가 한 일인가?

- 낱말이나 문장의 의미는 무엇인가?

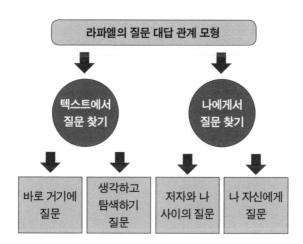

| 라파엘 4단계 모형
질문-대답-관계에 따른 질문 만들기 방법이다. 4단계를 거치는 동안 자연스럽게 학습
내용을 익힐 수 있는 전략이다.

■ 2단계: '생각하고 탐색하기' 질문

내용을 분석하는 질문으로 텍스트에서 상상, 추리하거나 텍스트의 정보를 결합해야 답을 찾을 수 있다. 또한 저자가 말하려는 주장이나 근거를 묻는다.

- 이 글의 주제는 무엇인가?
- 이 글은 무엇을 설명하고 있는가?
- 설명을 위해 어떤 근거나 예를 제시하고 있는가?
- 차이점과 공통점은 무엇인가?

■ 3단계: '저자와 나 사이'의 질문

나의 선행 지식이나 경험과 텍스트 안의 근거를 함께 활용해야 답할 수 있는 질문이다. 저자에게 묻듯이 질문한다.

- 저자가 주인공을 통해서 말하고자 하는 바는 무엇인가?
- 소설에서 저자는 왜 이렇게 결론지었을까?
- 왜 저자는 이 문제에 관심을 가졌을까?

■ 4단계: '나 자신에게' 질문

주제에 대한 자신의 최종 생각이나 주장을 확인하는 질문이다. 자기 생각이나 의견을 사용해야 답할 수 있는 질문이며. 문제 해결 방안이나 대안을 제시하기도 한다.

- 내가 주인공이라면 어떻게 할 것인가?

- 문제에 대한 내 생각은?

- 문제 해결을 위한 가장 좋은 방법은 무엇인가?

라파엘 질문-대답 관계 모형의 질문 수업 적용 예시

탈무드의 '세 친구'를 읽고, 이에 대해 라파엘 질문-대답 관계 모형으로 학생들이 질문을 만든 사례를 소개한다.

옛날 어느 나라에 한 청년이 살고 있었다. 그에게는 세 친구가 있었다. 첫 번째 친구는 가장 친하다고 생각하는 친구였고, 두 번째 친구는 그렇게 친하지는 않지만 좋아하는 친구였고, 세 번째 친구는 이름만 아는 친구였다.

어느 날 왕으로부터 한 통의 편지가 도착했다. 왕궁으로 출두하라는 명령이었다. 그는 자신이 뭔가 잘못을 했기 때문에 왕에게 불려 가는 것으로 생각하고 겁이 났다. 그래서 세 친구 중 한 명을 데리고 가기로 했다. 먼저 가장 신뢰하는 첫 번째 친구에게 사정을 말하고 함께 가 달라고 부탁했다. 그러자 첫 번째 친구는 쌀쌀하게 거절했다. 하는 수 없이 두 번째 친구에게 부탁했더니 왕궁 입구까지만 같이 가 주겠다는 조건을 달았다. 믿었던 두 친구에게 배신감을 느낀 청년은 마지막으로 세 번째 친구에게 부탁해 보았다. 그러자 평소 친분이 깊지 않았음에도 세 번째 친구는 "당연히 함께 가야지, 자네에게 무슨 죄가 있겠나. 가서 왕을 만나보세."라고 그를 위로하며 동행해 주었다.

■ 1단계: '바로 거기에' 질문

- 청년에게는 어떤 문제가 생겼나?
- 청년은 왜 겁을 먹었나?
- 청년에게는 몇 명의 친구가 있었나?
- 청년은 겁이 나서 어떻게 했나?
- 청년의 부탁을 받은 세 친구의 반응은 각각 어떠했는가?
- 청년과 끝까지 동행한 친구는 몇 번째 친구인가?

■ 2단계: '생각하고 탐색하기' 질문

- 왕이 청년을 부른 이유는 무엇일까?
- 세 친구의 태도가 다른 이유는 무엇일까?
- 첫째 친구가 쌀쌀맞게 거절한 이유는 무엇일까?
- 둘째 친구가 왕궁 입구까지만 같이 간 이유는 무엇일까?
- 셋째 친구가 동행했을 때 청년은 어떤 느낌이 들었을까?
- 세 친구와 청년은 이후에 어떤 관계로 바뀌었을까?
- 세 친구의 반응에 청년은 각각 어떤 생각을 했을까?
- 곤란한 부탁을 친구에게 한 청년의 태도는 바람직한가?
- 친구의 부탁을 거절한다고 잘못된 친구일까?
- 자신의 위험을 감수하고라도 타인을 돕는 것이 과연 선일까?

■ 3단계: '저자와 나 사이'의 질문

- 저자는 왜 이 글을 썼을까?

- 저자가 이야기에서 전하고 싶은 메시지는 무엇일까?

- 저자는 왜 제일 가깝게 여긴 친구를 쌀쌀맞은 인물로 형상화했나?

- 저자 입장에서 세 친구는 삶에서 각각 무엇을 의미할까?

- 저자는 친구 관계에 대해 어떤 고민을 했을까?

■ 4단계: '나 자신에게' 질문

- 나에게 세 번째 친구와 같은 친구가 있는가?

- 진정한 친구란 나에게 어떤 존재인가?

- 나는 누구에게 진정한 친구인가?

- 나에게 진정한 친구는 누구이며, 어떤 친구인가?

- 나는 힘든 일이 있는 친구에게 무조건적인 도움을 줄 수 있는가?

- 나는 힘들 때 누구에게 도움을 요청할 수 있는가?

- 내가 청년의 부탁을 받았다면 어떻게 했을까?

- 친구의 부탁을 현명하게 거절하는 방법은?

- 나는 친한 친구의 부탁을 거절한 적이 있는가?

- 친하지 않은 친구가 내게 부담스러운 부탁을 할 때, 어떻게 해야 하나?

위에서 소개한 학생들의 질문 활동을 마친 후, 교사는 정리 단계에서 세 친구는 각각 어떤 의미가 있는 존재인지를 다음과 같이 정리하였다.

첫 번째 친구는 재산을 말한다. 사람이 아무리 돈을 소중히 여기고 사랑하더라도 죽을 때에는 그대로 남겨두고 가기 때문이다. 두 번째 친구는 친척을 말한다. 친척은 무덤까지도 따라가 주지만, 그를 그곳에 혼자 남겨두고 돌아가 버린다. 세 번째 친구는 선행을 말한다. 선행은 평소에는 별로 눈에 띄지 않지만, 죽은 뒤에도 영원히 그와 함께 남아 있기 마련이다.

질문 노트

질문 노트를 작성하면
어떤 효과가?

질문과 질문에 대한 생각을 적다

끝으로 소개할 것은 바로 질문 노트이다. 별도의 질문 노트를 만들어서 수업 시간에 학생들이 만든 질문을 적게 하는 방법이다. 필자가 처음부터 수업 시간에 질문 노트를 활용했던 것은 아니다. 처음에는 수업 활동지 뒷면에 개인별 질문, 짝 토론 질문, 모둠 토론 질문을 만들게 했다. 하지만 코로나19로 인한 원격 수업으로 활동지를 활용한 수업이 어려워졌다. 그래서 학생들에게 각자 질문 노트를 만들게 했는데, 훨씬 더 효과적이어서 계속 활용하게 되었다. 매 수업 만든 질문과 생각을 적게 했다. 보통 3개의 사실과 1개의 심화 질문을 만들게 한다. 사실 질문은 수업 내용을 이해하게 하고, 심화 질문은 생각을 확장한다. 이후 등교 수업 때도 똑같은 방법으로 질문 노트를 활용했고 수행평가에 반영했다.

질문노트의 장점

학생들에게 질문 노트를 작성하게 하니 기대 이상의 효과가 나타났다. 질문 노트의 주요 장점은 다음과 같다.

첫째, 수업에 집중하게 한다. 질문을 만들기 위해서는 생각 없이 설명만 들어서는 안 된다. 특히, 원격 수업의 경우 학생들의 수업 태도를 확인하기가 어렵다. 하지만 질문 노트에 그날 배운 내용에서 질문을 만들고 생각을 기록하려면 수업에 집중하지 않을 수 없다.

둘째, 점차 질문의 수준이 높아진다. 질문하는 법도 배워야 잘할 수 있는 일종의 훈련이다. 자신이 만든 질문이 노트에 차곡차곡 쌓일수록 질문의 수준이 높아짐을 알 수 있다.

셋째, 수행평가에 반영할 수 있다. 이를 통해 학생들은 질문하고 생각을 적는 데 훨씬 정성을 기울이고, 아울러 질문의 수준도 좋아진다.

넷째, 과목별 세부능력 및 특기사항 작성에 유용하다. 단원별로 아이들이 만든 질문과 생각은 학생들의 수업 태도와 수업에 대한 이해도를 알 수 있는 중요한 자료이다.

회.I. : 사실질문 - ① '어디에서'와 '왜 그곳인가'라는 의문을 가지고 지표에 나타나는
인간활동을 설명하는 관점은?

→ 공간적 관점

② 사회 문제를 해결하려 할 때, 개인의 의식을 바꾸거나 법과 제도를
도입하여 사회 구조에 변화를 주는 것과 관련된 관점은?

→ 사회적 관점

③ 인간, 사회 등을 탐구할 때 통합적 관점으로 살펴볼 시 좋은 점은?

→ 사실 관계를 정확히 판단한 후 가치 판단을 내림으로써
사회 현상을 깊이 있게 이해하고 인류의 삶을 더 나은 방향으로
개선할 수 있다.

심화 질문 - 법과 제도가 잘못 되었을 때 그것을 어떻게 인지하고 바꿀까?

· 왜 - 법과 제도가 잘못 되었다는 말의 뜻은 윤리적 관점에서 볼 때 도덕적이지
못하다는 뜻이고, 사회적 관점으로 볼 시 이 법과 제도로 인해 사회가
잘못된 기치를 지향하여 사람들에게 피해를 줄 수 있으므로 바꾸어야 함

· 만약에 - 만약 법과 제도가 폭력을 정당화할시, 사람은 우선 윤리적 관점에서
폭력은 인간존엄성과 인권을 침해하므로 도덕적으로 잘못되었다는 것을
인지하고 법의 개정을 요구하는 등의 행위를 통해 바꿀 수 있음

· 나라면 - 나였으면 사람들이 해당 법이 잘못 되었다는 것을 주장할 때
알게되어 함께 개정을 요구하고, 더 많은 사람들이 이 상황을 알 수
있도록 공유를 할 것이다.

▎질문 노트 작성 사례

질문 노트를 사용하면, 수업에 집중하게 하고, 점차 질문의 수준이 높아지는 데 도움
이 된다. 질문노트를 과목별 세부능력 및 특기사항 작성에도 활용할 수 있다.

재미있는 놀이로
질문과 친해져요!

··○

인지발달 이론을 수립한 비고츠키는 "놀이를 통해 아이들은 일상적인 능력을 넘어서는 행동과 사고 과정에 참여한다. 놀이할 때 아이는 항상 평균 연령, 일상 행동보다 더 행동한다. 놀이할 때는 자기 자신보다 머리 하나 더 큰 것 같다."라고 하며, 인지발달에서 놀이의 역할을 강조했다. 다양한 연구 결과는 놀이가 아이들의 인지 능력과 창의성, 사회성 및 정서 발달, 언어 및 문해력 향상, 두뇌와 신체 기능 발달에 도움이 된다는 것을 입증하고 있다.

《도둑맞은 집중력》에서도 "뇌는 놀이를 통해 배울 기회를 얻을 때 더욱 유연하고 창의적으로 변한다. 놀이는 가장 중요한 학습 기술이며, 놀이를 통해 배우는 법을 배운다."[1]라고 말하면서, 요즘 아이들의 집중력이 저하가 놀이 문화 부재와 관련이 있음을 주장한다. 이 장에서 소개하는 몇 가지 질문 놀이는 질문과 자연스럽게 친해지게 하며, 급우와의 친밀도를 높여 효과적인 질문 수업에 도움을 준다. 또한 질문 만들기를 어려워하는 학생에게도 자신감을 북돋울 것이다.

··························

1. 요한 하리, 《도둑맞은 집중력》, 어크로스, 2023, 382쪽 참조

3장

놀이
활동

좋은 질문은 생각의 물꼬를 트고 물줄기를 사고의 구석구석까지 전달하는 역할을 한다. 질문은 생각의 흐름을 유연하게 하고 창의성이라는 목적지에 도달하게 하는 전도체이다.

- 리처드 왓슨,《인공지능 시대가 두려운 사람들에게》중에서

01

짝과 공통점 찾기

질문은 마음을 열고
서로를 이어주어요!

개요

질문은 사람과 사람을 연결한다. 낯선 사람을 처음 만났을 때 친해지는 수단이 질문이다. 질문을 통해 상대를 알아가고, 공감대가 형성된다. 질문은 관심의 표현이며, 상대의 마음을 열게 한다. 이 활동도 질문으로 짝과 자신의 공통점을 찾는 과정에서 친밀감을 높인다.

 활동 방법

1. 먼저 짝과 악수하고 인사하게 한다.

2. 짝과 공통점을 5가지 찾도록 한다(시간이 충분하면 10개도 가능).

3. 공통점을 찾을 때마다 하이 파이브를 하게 하고, 기록하게 한다.

4. 교사는 1~2개 팀을 골라 발견한 공통점을 발표하게 한다. 활동을 관

찰하면서 활기차거나 웃음이 넘치는 팀을 선정한다. 또는 팀별로 특별한 공통점 한 가지씩만 돌아가면서 발표하게 할 수도 있다.

✋ 의의 및 유의 사항

'짝과 공통점 찾기' 활동의 교육적 의의는 다음 두 가지로 요약할 수 있다.

첫째, 자연스럽게 질문하는 태도를 습득한다. 예컨대 공통점을 찾기 위해 '좋아하는 계절은?', '좋아하는 운동은?', '강아지를 키우는가?', '혈액형은?', 'MBTI는?' 등 계속 질문을 해야 한다. 이를 통해 학생들은 자연스럽게 질문에 익숙해질 뿐만 아니라, 질문의 중요성도 깨닫게 된다.

둘째, 짝과 말문을 틔우고 빨리 친해지기 위해서이다. 우리는 평소에도 누군가와 공통점을 발견하면 쉽게 친해지는 경향이 있다. 질문으로 공통점을 발견하는 순간 아이들은 웃으면서 좋아하는 모습을 볼 수 있다. 짝과 자유롭게 질문하고 생각을 말하기 위해서 말문을 틔우고 친밀감을 높이는 것은 필수이다.

※ 이 활동은 짝이 바뀔 때 언제든 할 수 있다. 유의점은 질문으로 알 수 있는 공통점만 적을 수 있다는 것이다. 서로에 대해 이미 알고 있는 공통점이나, '안경을 끼고 있다.'와 같은 관찰을 통해 알 수 있는 공통점은 해당하지 않는다는 것을 미리 공지해야 한다.

02

진진가

하나의 가짜를
찾아라!

개요

일종의 퀴즈 게임으로 자기소개를 하는 세 가지 문장을 만들어 모둠에서 설명하고, 그중에 무엇이 거짓일까?를 찾아내는 활동이다. 학년 초 모둠에서 자기소개를 할 때 사용하는 활동으로 '진짜진짜가짜'의 준말이다. 세 가지 문장에서 두 가지는 사실을 말하고, 한 가지는 거짓을 말해야 한다.

활동 방법

1. 모둠을 구성해서 각자 자기와 관련된 진짜 정보 두 가지와 가짜 정보 한 가지를 적는다. 진짜 사실은 취미나 특기, 특별한 경험 등을 말하고, 가짜 정보는 최대한 그럴듯한 내용을 말하는 것이 재미있다.

2. 소개자는 다른 모둠원에게 준비된 정보 3가지에 관해 설명한다. 소개자의 설명이 끝나면 돌아가면서 자신이 추측한 가짜 정보를 말한다. 가짜 정보라고 생각하는 이유를 포함할 수 있다.

3. 친구들의 추측이 끝나면 소개자는 어떤 정보가 거짓인지 설명한다. 또한 사실에 대한 설명을 통해 자기를 소개한다.

4. 나머지 모둠원들도 돌아가면서 자기소개를 한다.

🖐 의의 및 유의사항

자신을 소개할 때 소속이나 나이 등 개인 정보 위주로 소개하는 경향이 많다. 하지만 진진가 게임을 해보면 자신이 좋아하는 것이나 특별한 추억, 활동 등을 소환하게 된다. 그래서 친한 사이에도 맞히지 못하는 경우가 많다. 이를 통해 자신을 성찰하는 기회가 되기도 하고, 급우들을 알아가는 과정에서 친밀도를 높인다.

※ 진진가 질문 놀이는 수업 정리 단계에서도 유용하다. 그날 배운 내용에서 진짜 두 문장, 가짜 한 문장을 만들게 한다. 세 문장을 만들기 위해서 아이들은 교과서를 읽으면서 배운 내용을 저절로 익히고 복습한다. 특히 가짜 문장을 만들기 위해서는 시험 문제를 내듯 고심을 거듭하기도 한다. 거짓 문장이 왜 틀렸는지를 설명하게 하거나, 바른 문장으로 고치는 활동을 하면 그날 배운 내용에 대해 심도 있는 복습이 이루어진다. 진진가를 짝과 퀴즈 형식으로 활동하면 설명하기 활동이 이루어지고, 짝이 틀리면 자연스럽게 친구 가르치기를 통해 서로 메타인지를 높이게 된다.

03

모둠 질문 놀이

발표하고 질문하고
대답하고!

개요

모둠원 간에 서로 질문을 통해 말문을 틔우고, 친밀감을 높이는 데 좋은 활동이다. 모둠별로 순서를 정해 한 명이 발표하면, 나머지 사람들은 발표에 대해 각자 한 개씩 질문을 하는 방식으로 진행하였다. 예를 들어 발표자가 다음과 같이 말한다.

　"나는 ○○○하기를 좋아합니다."

이에 대해 다른 학생들은 한 개씩 질문을 만들어서 던지면, 발표자가 그 질문에 답하는 방식이다. 실제로 '내가 누구인가?'를 알아볼 수 있는 가장 좋은 방법은 바로 '내가 좋아하는 것이 무엇인가?'를 물어보는 것이다. 내가 좋아하는 것을 알게 되면, 내가 하고 싶은 일이 명확해진다. 자연스럽게 진로 교육과 연계될 수 있다.

🖐 활동 방법

모둠 질문 놀이는 크게 다음의 3가지 활동으로 진행된다.

- **발표하기**: 모둠에서 순서를 정하여 자기가 좋아하는 것을 말하고 질문하게 한다. 단 좋아하는 것을 말할 때는 이후 질문자가 질문할 수 있도록 다음과 같이 말하고, 따로 부연 설명은 덧붙이지 않도록 한다.

  "나는 축구를 좋아해."

  "나는 여행을 좋아해."

- **질문하기**: 발표자의 말을 듣고 나면 나머지 모둠원들은 돌아가면서 다음과 같이 질문을 하나씩 던진다.

  "언제부터 축구를 좋아했어?"

  "축구하는 것을 좋아하는 거야, 아니면 보는 것을 좋아하는 거야?"

  "축구의 어떤 점을 좋아해?"

- **대답하기**: 발표자는 모둠원의 질문마다 대답한다.

모둠 질문 놀이 활동 예시

모둠 질문 놀이는 질문을 통해 친구에 대해 자연스럽게 알아갈 수 있는 활동이므로, 아직 서로에 대한 정보가 충분하지 않은 학년 초에 사용하면 서로 친밀감을 높일 수 있어서 좋다. 필자의 수업 사례에서 나온 모둠 질문들을 소개하면 다음과 같다.

- 나는 여행을 좋아해

  - 질문 1 : 가장 좋았던 여행지는?

  - 질문 2 : 가고 싶은 여행지는?

  - 질문 3 : 누구랑 여행해?

- 나는 강아지를 좋아해

  - 질문 1 : 지금 강아지를 키워?

  - 질문 2 : 강아지의 이름은?

  - 질문 3 : 강아지가 무엇을 할 때 제일 이뻐?

🖐 의의 및 유의사항

학생들은 평소 자기가 좋아하는 것에 대해 충분히 생각해 볼 기회
가 많지 않다. 심지어 자신이 정말로 무엇을 좋아하는지 잘 모르
는 학생도 꽤 있다. 하지만 모둠 질문 놀이에서 발표를 위해 자기
가 좋아하는 것을 곰곰이 생각해 볼 기회를 갖게 될 뿐만 아니라,
친구들의 질문에 대한 답을 하는 가운데 자신이 진짜 좋아하는 것
에 대해 성찰할 기회도 갖게 된다. 또한 친구들의 질문에 대답하
면서 스스로 미처 생각하지 못했던 것을 깨닫거나 자신에 대한 새
로운 점을 발견하게 되기도 한다. 그리고 대화 중에 자연스럽게
서로에 대한 관심이 높아지고 친밀감을 형성한다. 예컨대 다음과
같은 다양한 내용으로 활동할 수 있다.

- 나의 꿈은 ○○입니다.

- 나의 버킷리스트는 ○○입니다.

- 나는 여름방학 때 ○○○할 때가 가장 행복했습니다.

04

질문 빙고 놀이

개념이 정답이 되는
질문을 만들어라!

개요

빙고 놀이는 가로나 세로, 대각선을 정해진 숫자만큼 빨리 완성하면 된다. 질문 빙고 놀이도 형식은 같다. 다만 교사가 수업에서 나온 주요 개념(단어, 인물, 역사적 사건 등)을 제시한 후 빙고 칸에 쓰게 하고, 그 개념이 정답이 되는 질문을 만드는 활동이다. 개념을 설명하는 질문을 만드는 과정에서 배운 내용을 저절로 익히게 되며, 빙고 칸을 맞추면서 수업에 즐거움이 더해진다. 이 질문 빙고 놀이는 초등학교부터 고등학교까지 다양한 학령에서 두루 적용할 수 있다. 여기에서 소개한 질문 빙고 놀이 사례는 고등학교 1학년 통합사회 「사회 정의와 불평등」 단원에서 실천한 것이다.

👆 활동 방법

1. 교사는 수업에서 다룬 주요 개념 9가지를 칠판에 적는다(예를 들어, 롤스, 노직, 왈처, 매킨타이어, 성장 개발, 균형 개발, 유리천장, 적극적 우대조치, 공간 불평등).

2. 학생들은 세로 3, 가로 3의 빙고 칸에 자유롭게 9가지 단어를 쓴다. 그리고 각 단어가 정답이 되는 질문을 빙고 칸 아래에 스스로 찾아 적게 한다. 질문을 만들 때 학급 수준에 따라 짝과 협업하게 할 수도 있다. 처음부터 함께 질문을 만들 수도 있고, 짝지은 학생의 학력이 부족하면, 다른 학생이 짝을 가르치면서 질문을 만들 수도 있다.

3. 교사는 적절하게 빙고 칸을 지정한다. 대각선으로 × 다섯 칸, ㄱ자 다섯 칸, ㄴ자 다섯 칸, 위 세 칸과 아래 세 칸 총 여섯 칸 등 자유롭게 할 수 있다.

4. 학생들이 돌아가면서 질문하면, 각자 정답에 해당하는 부분에 O표를 한다. 교사가 지정한 모양으로 연결되면 빙고를 외친다.

5. 교사는 9개의 질문이 모두 나올 때까지 계속할 수 있다.

롤스	유리천장	매킨타이어
공동체주의적 정의관	적극적 우대조치	자유주의적 정의관
노직	공간 불평등	왈처

'사회 정의와 불평등' 관련 빙고 놀이(3×3) 질문 예시

1. **롤스**: 사회 정의를 위해 사회적·경제적 약자에게 최대의 이익을 보장해야 한다고 주장한 사람은?

2. **노직**: 국가는 개인의 소유권 보호 역할만 해야 하며, 사회적 약자의 삶은 자발적인 자선 행위를 통해 개선할 수 있다고 생각한 사람은?

3. **자유주의적 정의관**: 개인의 자유와 권리를 최대한 보장하는 것이 정의롭다는 정의관은?

4. **공동체주의적 정의관**: 각 인간의 삶이 공동체에 뿌리를 두고 있음을 강조하는 사상은?

5. **매킨타이어**: 개인은 가족, 도시, 민족, 국가로부터 다양한 빚과 유산을 물려받는다고 주장한 사상가는?

6. **왈처**: 각각의 사회적 가치들이 자신의 고유한 영역 안에 머무는 사회가 정의롭다고 주장한 사상가는?

7. **공간 불평등**: 지역 간에 경제적·사회적·문화적 수준의 차이가 나타나는 현상을 무엇이라고 하는가?

8. **유리천장**: 충분한 능력을 갖춘 사람이 직장 내 차별 때문에 승진하지 못하는 상황을 비유로 표현한 것이며, 특히 성차별 때문에 여성에게 많이 적용되는 것을 무엇이라고 하는가?

9. **적극적 우대 조치**: 사회적 약자의 불평등을 적극적으로 개선하려는 제도를 무엇이라고 하는가?

이미지 까바 놀이

까로 바꾸니
호기심이 샘솟아요!

개요

'까바'는 누구나 쉽게 질문을 만들 수 있는 재미있는 활동이다. 여기서 까바는 '까로 바꾸기'의 준말이다. 즉 평서문의 문장 끝을 '까'로 바꾸기만 하면 된다. 다만 이 책에서 소개하는 사례는 조금 변형하여 한 사람은 이미지를 보고 떠오르는 내용을 문장으로 만들고, 나머지 한 사람은 이 문장을 까로 바꾸는 활동으로 진행하였다. 까바는 짝 활동 및 모둠활동이 가능하지만, 여기에서는 짝활동으로 진행하였다. 사례에서 제시한 것처럼 교과서의 표지에 나온 이미지를 활용해서 '까바' 놀이를 해도 되지만, 다양한 사진 카드나 그림책 표지 등의 이미지를 활용해도 짝과 말문을 틔우고, 친밀해지는 질문 활동을 전개할 수 있다. 예를 들어 수업 첫 시간에 교과서의 표지를 보고 이미지 까바 놀이를 하면 학생들은 질문에 흥미를 붙이고, 교과서에서 배울 내용에 대해 호기심을 가지게 할 수 있다.

👆 활동 방법

문장에 대해 '까'로 바꾸는 단순한 활
동으로 다음의 사례로 활동 방법을
갈음한다. 다음은 고 1 통합사회 교과
서의 표지(오른쪽 표지 이미지 참조)
를 보고 짝 활동으로 이미지 까바 놀
이를 한 사례이다.

ⓒ천재교육

A : 놀이공원에 대관람차가 있습니다.

B : 놀이공원에 대관람차가 있습니까?

A : 로봇과 사람이 어깨동무하고 있습니다.

B : 로봇과 사람이 어깨동무하고 있습니까?

A : 드론이 빌딩 위를 날고 있습니다.

B : 드론이 빌딩 위를 날고 있습니까?

A : 가족이 공원에 소풍을 왔습니다.

B : 가족이 공원에 소풍을 왔습니까?

A : 한 남자가 돋보기로 저자의 이름을 보고 있습니다.

B : 한 남자가 돋보기로 저자의 이름을 보고 있습니까?

A : 타지마할 앞에 한 남자가 설명하고 있습니다.

B : 타지마할 앞에 한 남자가 설명하고 있습니까?

A : 자유의 여신상이 있습니다.

B : 자유의 여신상이 있습니까?

A : 그리스 철학자가 글을 쓰고 있습니다.

B : 그리스 철학자가 글을 쓰고 있습니까?

A : 관광객이 피사의 사탑 사진을 찍고 있습니다.

B : 관광객이 피사의 사탑 사진을 찍고 있습니까?

A : 첨성대, 남산, 독립문이 있습니다.

B : 첨성대, 남산, 독립문이 있습니까?

A : 로마의 콜로세움이 있습니다.

B : 로마의 콜로세움이 있습니까?

그림책이나 독서 토론 때 먼저 책의 표지를 보고 이미지 까바 놀이를 하면 효과가 배가된다. 이미지 까바 놀이의 교육적 의의는 다음과 같다.

첫째, 자세히 보면서 관찰력을 높인다.

둘째, 책 내용에 대한 호기심을 높인다.

셋째, 그림을 문장으로 표현하면서 문장력과 표현력을 높인다.

넷째, 짝을 통해 미처 자신이 생각하지 못한 점을 발견할 수 있다.

다섯째, 그림과 문장을 연결하는 활동으로 사고력을 높인다.

여섯째, 그림을 통해 상황을 파악하여 학습과 자연스럽게 연결할 수 있다.

06

꼬꼬질

꼬리를 무는 질문 속에
점점 깊어지는 성찰

꼬꼬질 놀이는 꼬리에 꼬리를 잇는 질문 만들기 놀이이다. 질문과 답이 끊어지지 않고 꼬리를 물고 계속 이어져야 한다. 이 책에서 소개한 사례는 짝 활동으로 진행하였으며, A 학생의 말에 대해 B 학생이 질문하고, 다시 A 학생은 대답하는 방식으로 이루어졌다. A 학생의 대답에 대해 B 학생은 꼬리를 물고 계속 또 다른 질문을 던진다. 일상에서 당연하게 생각한 일에 대해 잇단 질문으로 미처 생각지 못했던 사고의 확장과 깊이를 더 할 수 있다. 어느 정도 질문이 오고 간 후, 역할을 바꾸어 질문과 대답을 이어간다. 말로 할 수도 있지만 백지에 써가면서 하면 효과적이다. 질문하고 대답하는 과정이 훨씬 깊어진다.

✋ 활동 방법

1. 두 명씩 짝을 짓는다.

2. 먼저 질문할 사람을 정한다.

3. 질문자가 질문하면 답을 한다.

4. 답에 대해 끊기지 않고 질문과 답을 이어간다.

꼬꼬질 놀이 사례 ❶ 행복

아이들이 만든 질문 중에서 '미래의 행복을 위해 현재의 행복을 희생하는 것이 옳은가?'로 다음과 같은 꼬꼬질 질문 놀이가 이루어졌다.

A: 미래의 행복을 위해 현재의 행복을 희생하는 것이 옳은가?

B: 옳지 않다고 생각해.

A: 왜 그렇게 생각해?

B: 미래의 행복은 확신할 수 없기 때문이야.

A: 네가 생각하는 미래의 행복은 무엇이지?

B: 좋은 대학, 좋은 직장에 가는 것이야.

A: 현재의 행복은 무엇일까?

B: 당장 하고 싶은 것이지. 예를 들어 공부해야 할 시간에 잠을 자거나
   놀러 가는 것 등이 있어.

A: 현재 너는 미래를 위해 행복을 희생하고 있다고 생각해?

B: 어느 정도는 하고 있다고 생각해.

A: 어떤 게 미래를 위한 희생이지?

B: 공부하기 싫지만, 시험 기간이라서 공부해야 할 때.

A: 미래를 위한 희생이 꼭 불행인가?

B: 그건 아니라고 생각해. 만약 나중에 목표를 이룬다면 추억이 될 수
도 있을 것 같아.

A: 만약 현재의 행복에만 집중한다면 미래의 내가 과거 자신의 행동을
후회하지 않을까?

B: 그럴 수도 있을 것 같아. 너는 미래의 행복을 위해 현재의 행복을 희
생하는 것에 대해 어떻게 생각해.

A: 나는 그렇게 해야 한다고 생각해.

B: 왜 그렇게 생각해?

A: 지금의 행복을 포기하므로 미래에 더 크고 오랫동안 행복을 누릴 수
있기 때문이야.

B: 미래에 행복을 확신할 수 있나?

A: 물론 확신할 수는 없어. 하지만 앞으로 더 큰 행복을 위한 일종의 투자
라고 생각해.

B: 나는 현재의 행복도 중요하다고 생각해. 《책은 도끼다》라는 책에서
순간순간의 행복을 찾으라는 말이 기억나.

A: 순간순간의 행복을 찾기 위해 꼭 현재를 희생해야 하나?

B: 꼭 그런 것은 아닌 것 같아. 피할 수 없으면 즐기는 것도 방법이지.

꼬꼬질 놀이 사례 ❷ 진로

진로에 대해 꼬꼬질 놀이를 하는 것도 효과적이다. 반복된 질문은 막연하게 생각해온 것들을 명료하고 구체적으로 바라보게 해주는 힘이 있기 때문이다. 학생들은 자신의 진로에 대한 짝의 끊임없는 질문에 답하면서 그동안 미처 생각하지 못했던 부분을 알게 된다. 즉 진로나 버킷리스트로 꼬꼬질 놀이를 통해 자신의 미래가 훨씬 구체화되는 경험을 하게 되는 것이다.

> A: 나의 꿈은 정신과 의사나 심리 상담사가 되어 마음이 아픈 사람을
>   웃게 해 주는 것이야.
>
> B: 마음이 아픈 사람을 어떻게 웃고 할 수 있는가?
>
> A: 상대를 이해하고, 긍정적인 대화를 통해서.
>
> B: 상대방이 긍정적인 대화 유도에 참여하지 않으면?
>
> A: 그 사람을 더 관찰하고 대화하며, 알기 위해 노력하겠다.
>
> B: 알기 위한 방법은?
>
> A: 친해지기 위해 더 가까이 다가가서 대화하도록 하겠다.
>
> B: 왜 대화하는 것이 상대를 더 알아가는 방법이라고 생각하는가?
>
> A: 글도 있지만, 사람들은 대화를 통해 힘든 부분을 말하고 싶어 한다
>   고 생각해.
>
> B: 힘든 부분을 잘 드러내지 않는 사람은?
>
> A: 굳이 무리해서 묻지 않고 그냥 곁에 있어 주고 싶다.

B: 곁에 있는 것이 왜 도움이 된다고 생각해?

A: 사람은 사회적 동물이라 누군가가 나를 믿어 주는 사람이 존재한다는 것을 아는 것만으로 심적 안정감을 가질 수 있다고 생각해.

B: 자신을 믿어 주는 사람은 어떤 사람인가?

A: 편견을 갖지 않고 있는 그대로 받아 주고 걱정해 주는 사람이라고 생각해. 이제 너의 꿈을 말해 줘.

의의 및 유의사항

계속 질문하기 위해서는 친구 이야기에 경청하고 집중해야 한다. 또한 친구의 질문으로 자신의 진로 등에 대해 미처 생각하지 못했던 부분을 알게 된다. 질문을 통해 자신과 진로 등에 대해 성찰할 수 있는 좋은 활동이다.

질문 수업,
어떻게 디자인할 것인가?

앞장에서는 '놀이'를 매개로 질문을 만드는 법을 살펴보았다면 이 장에서는 질문 수업을 디자인하는 데 참고가 될 만한 수업 모형들을 살펴보고자 한다. 하브루타 수업, 큐앤알학습, 거꾸로 교실, 철학적 탐구공동체, 프로젝트 수업 등은 저마다 학생들이 탐구와 배움의 주체로서 수업 시간에 적극적으로 참여할 수 있도록 설계된 모형들이다. 수업 모형은 저마다 다르지만, 공통점은 배운 내용에서 학생들이 스스로 질문을 만들고, 질문으로 탐구하고, 토론하고, 생각을 나누도록 격려하는 점이다. 실제 수업 사례와 함께 질문이 어떻게 활용되는지 살펴보자.

4장

수업
모형

좋은 질문은 사고력을 향상하는 촉매제가 된다. 질문은 생각을 유도하고 자극한다. 따라서 생각을 잘하기 위해서는 좋은 질문을 던질 수 있어야 한다. 질문의 질은 생각의 질을 결정한다.

- 아이작 유, 《질문 지능》 중에서

개요

수업 모형에서 질문은 어떻게 활용되는가?

질문을 활용하는 다양한 수업 모형

4차 산업혁명 이후 시대적 변화와 요구에 따라 학교 수업도 많은 변화가 있었다. 학교 현장에서 강의 위주 수업에서 벗어나 다양한 학생 참여 수업 방법이 실천되고 있는 것이다.

'질문'은 학생 참여 수업 방법 중 단연 두드러진다. 왜냐하면 일회성 참여가 아니라 수업에서 꾸준히 적용하면서 학생들의 주도적인 참여를 지속적으로 이끌어낼 수 있기 때문이다.

학생이 묻고 학생이 답하는 질문 수업은 기본적으로 **협동학습**이다. 혼자 공부하다가 모르면 적당히 넘어가는 경우가 많다. 하지만 질문 수업을 하게 되면 친구와 질문으로 대화하기 위해 억지로

라도 뭔가를 계속 생각해야 한다. 자신의 역할이 있고 책임감이 있기 때문이다. 또한 질문에 대해 생각을 말하고, 설명하기 과정에서 뇌는 최대한 활발하게 작동한다. 뇌과학에 따르면 혼자 공부할 때 비해 친구에게 설명하는 공부를 할 때, 뇌에서 사회성과 관련한 부위가 활성화된다고 한다. 이처럼 질문 수업은 사회성을 자연스럽게 키운다.

하브루타나 거꾸로 교실 수업은 이미 수업의 혁신을 가져왔으며, 프로젝트 수업은 배움과 삶을 연결하여 문제를 해결하고, 변화를 추구한다. 또한 철학적 탐구공동체 수업과 큐앤알(Q&R) 수업도 질문을 중심으로 수업을 전개하는 좋은 모형이다. 다양한 수업 모형에서 교사는 질문을 활용해 지식의 전달자가 아니라 생각을 촉진하는 역할을 한다. 모든 질문 수업 모형은 적절하게 호기심을 자극하고, 학생들이 만든 질문을 수업과 연결하고 정리한다.

각 수업 모형에서 질문은 어떻게 활용되는가?

자세한 내용은 각 수업 모형에서 사례와 함께 설명하겠지만, 모형별 핵심만 간략하게 정리하면 다음과 같다.

• **하브루타:** 서로 짝을 이뤄 질문을 주고받으면서 논쟁하는 유대인의 전통적인 교육방식을 수업에 가져온 것이다. 질문을 통해 소통하며

함께 답을 찾아가도록 한다.

- **큐앤알 학습모형:** 우리나라에서 개발된 수업 모형으로 학생들이 만든 질문으로 수업을 시작해서 설명하기 등의 다양한 반응으로 마무리한다.

- **거꾸로 교실:** 전통적 수업과 반대로 학생들이 각자 선행학습 이후 모여 수업하는 역진행 방식이다. 선행학습에서 궁금했던 질문을 통해 수업에서 의미 있는 토론이 이루어질 수 있다.

- **철학적 탐구공동체:** 철학적 탐구가 학생들의 일상이 되도록 한다. 학생들이 만든 철학적 질문을 공동체가 함께 탐구하고, 다양하게 표현하면서 사고력을 키운다.

- **프로젝트 수업:** 배움이 교실을 넘어 삶으로 이어지는 것을 목표로 하는 만큼 자발적 탐구를 일으킬 만한 매력적인 질문을 이끌어 내는 것이 중요하다

- **독서 수업:** 책을 매개로 자유롭게 생각하고 저마다의 관점에서 다채로운 질문을 이끌어낼 수 있다. 다양한 분야의 책으로 적용할 수 있는데, 이 장에서는 질문중심의 독서토론 수업을 사례로 소개하였다.

자, 지금부터 다양한 수업 모형에서 어떻게 질문이 활용되어 수업이 진행되는지 좀 더 자세히 알아보자.

02

하브루타

자유롭게 질문하고
토론하라!

개요

하브루타는 널리 알려진 것처럼 탈무드를 읽고 질문으로 짝과 토론하는 유대인의 공부법이다. "물고기를 잡아주지 말고 물고기 잡는 법을 가르쳐 주라."는 유대인의 격언에서 물고기가 지식이고, 물고기 잡는 법은 지식을 얻는 방법인 질문을 의미한다.

전성수 교수는 유대인의 하브루타를 우리나라 교육 환경에 맞게 5가지 수업 모형을 만들었다. 질문 하브루타, 친구 가르치기 하브루타, 비교 하브루타, 논쟁 하브루타, 문제 만들기 하브루타가 그것이다. 필자도 하브루타를 통해 질문 수업에 입문했다. 심지어 고 3 수업에서 하브루타를 처음 시작했는데도 효과적이었고, 학생의 반응도 좋았다.[1]

....

1. 이후《얘들아! 하브루타로 수업하자》를 필두로 하브루타 관련 수업 방법과 공부법 책만 5권을 쓰게 되었다.

질문 하브루타 수업 전개 방법

개요에서 소개한 하브루타 수업 모형 5가지 중 필자가 가장 많이 활용하는 것이 **질문 하브루타**이다. 수업에서 배운 내용으로 학생이 질문을 만들고, 질문으로 짝과 모둠에서 생각을 나눈 후, 교사가 정리하는 수업이다. 다음은 질문 하브루타의 주요 내용이다.

■ 교사의 강의 vs 학생들의 텍스트 이해

학생들이 내용을 이해할 수 있도록 교사가 설명하거나, 학생 스스로 읽고 요약하게 한다. 필자는 인문계 고등학교 2, 3학년 윤리 수업에서는 50분 수업에서 30분 이내로 설명한다. 1학년 대상 통합사회에서는 15분 내외로 강의하거나, 학생들이 교과서를 직접 읽고 내용을 요약하게 한다. 통합사회 내용은 고등학생 수준에서 교과서 읽기만으로 내용 파악이 대부분 가능하다. 학생들이 읽어서 충분히 이해할 수 있는 내용에 대해 교사가 굳이 설명할 필요가 없다. 스스로 요약하는 과정이 오히려 학습 효과가 크다. 대신 요약한 활동지는 과정 중심 평가 포트폴리오로 활용하여, 모든 학생이 참여하게 한다.

■ 개인별 질문 만들기

내용 이해가 끝났으면, 질문을 만들게 한다. 이때 학생들은 생각하면서 텍스트를 읽는다. 보통 3개 정도의 질문을 만들게 한다.

첫 수업에서는 쉽게 질문을 만들게 하기 위해 내용(사실) 질문 위주로 만들게 하고, 점차 심화(상상) 질문을 만들게 한다. 만든 질문 중에서 짝과 토론하고 싶은 질문 한 가지를 선정한다. 학생들이 질문을 만들 동안 교사는 교실을 돌아보면서 마지막 학생이 한 개의 질문이라도 만들면 짝 토론으로 넘어간다. 왜냐하면 모든 학생이 질문 세 개를 만들려면 시간이 오래 소요되고, 한 개의 질문으로도 짝 토론은 충분히 가능하기 때문이다.

■ 짝 토론

다음과 같이 짝과 생각을 나누는 활동이다. 이후 두 개의 질문 중에서 모둠에서 토론할 질문을 한 개 선정하고, 질문을 가다듬는다.

> A : 자신이 만든 질문에 대해 설명하기
>
>   자신의 질문에 대해 자기 생각 말하기
>
> B : 짝의 질문에 대해 자기 생각 말하기
>
>   자신이 만든 질문 짝에게 설명하기
>
> A : 짝의 질문에 대해 자기 생각 말하기

■ 모둠 토론

모둠에서 생각을 나누는 활동이다. 한 팀이 선정한 질문을 먼저 소개한다. 보통 선정된 질문을 만든 학생이 말한다. 짝 토론할 때와 같은 방법으로 질문을 만든 이유, 질문에 대한 생각을 말한다.

다른 학생들은 이를 경청하고, 각자 돌아가면서 질문에 대해 자기 생각을 말한다. 이후 상대 팀 학생이 만든 질문을 소개하고 이유와 생각을 말한다. 역시 먼저 질문한 학생들이 각자 생각을 말한다. 이후 두 개의 질문 중에서 토의를 거쳐 모둠 질문을 한 개 선정한다. 모둠 질문은 칠판에 적는다.

■ 발표 및 쉬우르

칠판에는 모둠에서 만든 6~7개의 질문이 적힌다. 이를 교사가 최종 정리하는 것을 '쉬우르'라고 한다. 쉬우르는 학생들이 만든 질문을 단순히 교사가 정리하는 것을 넘어, 학생들의 질문에 대해 교사가 또다시 질문을 던져 학생들의 생각을 자극한다. 또한 학생들의 질문을 연결하고, 이를 전체와 대화하는 과정에서 더 깊은 배움이 일어나고, 깨달은 내용을 내면화한다. 이 과정에서 자연스럽게 배운 내용을 상기하고, 학습 목표에 도달하게 된다.

🖐 의의 및 유의사항

개인별로 질문을 만드는 것은 텍스트와의 만남이다. 질문을 만들기 위해 책을 집중해서 읽고, 생각하면서 읽는다. 하지만 진정한 배움과 생각의 확장은 짝 토론과 모둠 토론을 통해서 일어난다. 물질은 나누면 반이 되지만, 생각은 나누면 2배가 될 수도, 10배가 될 수도 있다.

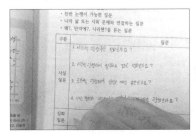

개인 질문 만들기

짝 토론

모둠 토론

쉬우르

▎질문 하브루타 절차

개인별로 질문을 만들려면 책(교재)를 더욱 집중하고 생각하면서 읽어야 한다. 그리고 이렇게 만든 질문으로 짝 토론 및 모둠 토론을 하는 과정에서 배움은 확장된다.

| 하브루타 수업 활동 전개 요약 |

구분	활동	비고
개인 활동	• 교과서나 활동지 읽기 • 배운 내용에서 질문 3개 만들기	텍스트와의 만남
짝 토론	• 각자 좋은 질문 한 개로 생각 나누기 • 질문 만든 이유와 질문에 대한 생각 말하기 • 두 개의 질문 중 좋은 질문 정하기	사람과의 만남
모둠 토론	• 짝 토론 질문으로 생각 나누기 • 모둠 최종 질문 정하기 • 모둠 질문 판서하기	사람과의 만남
발표 및 쉬우르	• 전체 질문 공유하기 • 질문과 질문 연결해서 생각 자극하기 • 교사의 질문 정리하기	전체 공유 및 정리

반사하기와 지지하기

하브루타 전문가 양동일 작가는 《말하는 독서 하브루타 교사 가이드북》에서 질문 수업에서 경청과 존중의 태도를 키우기 위해 반사하기와 지지하기 활동을 강조한다.

첫째, **반사하기**는 짝이 한 질문을 똑같이 말하는 것이다. 반사하기는 짝의 말에 집중하게 한다. 그리고 반사하는 과정에서 질문에 대한 이해도를 높인다. 예를 들어 "짝꿍은 ~이 궁금했군요. 그래서 ~게 생각한다는 거죠?"라고 말한다.

둘째, **지지하기**는 짝의 질문과 생각에 대해 칭찬하고, 긍정적으로 지지하는 것이다. 짝의 이야기를 듣고 좋았던 점, 새롭게 알게 된 점을 말한다. 이를 통해 친밀도와 자기 효능감을 높인다. 예를 들어 다음과 같이 말할 수 있다.

"짝꿍의 질문(생각)은 ○○○ 점이 참 좋네요."

"△△△ 점은 내가 미처 생각하지 못했어요."

"덕분에 ㅁㅁㅁ을 알게 되었어요."

질문을 활용하는 방법

하브루타 질문 수업 전개 중 쉬우르 단계에서는 전체 질문을 공유하고, 질문과 질문을 연결하며, 교사가 질문을 정리하게 된다. 이때 질문을 활용하여 최종 정리하는 몇 가지 방법은 다음과 같다.

첫째, 모둠 질문 가운데 학습 목표 도달에 가장 도움이 되는 질문을 교사가 선정한다. 이를 전체에게 질문하여 학생들의 다양한 생각을 발표하게 한다.

둘째, 교사가 모둠 질문을 한 개 한 개 소개하고, 정리한다. 이 과정에서 질문을 연결하기도 하고, 새로운 질문거리를 학생들에게 묻기도 한다.

셋째, 모둠별 발표를 한다. 모둠 최종 질문을 만든 학생이 나와서 순서대로 발표한다. 자신이 질문을 만든 이유와 모둠에서 나눈 대화와 생각을 발표한다.

넷째, 모둠 토론을 하게 한다. 최종 질문으로 모둠 토론을 한 후, 모둠 질문과 함께 토론 내용도 발표한다.

다섯째, 찬반 토론을 한다. 질문 중에서 학습 목표에 근접하면서 찬반 논쟁 토론이 가능한 질문이 있다면 짝과 1:1로 2~3분 내외로 토론하게 한다. 교사는 한 두 팀의 찬반 근거를 발표하게 한다.

여섯째, 글쓰기를 한다. 학습 목표 달성에 도움이 되는 질문을 고르고 모든 학생이 질문에 대한 자기 생각을 쓰게 한다.

질문 하브루타 수업 사례

〈기후와 환경〉 단원에서 〈노임팩트 맨〉 영화 줄거리를 소개한 글을 읽게 하고, 유튜브에 나온 1분 30초 영화 예고편을 보여준 후 질문 하브루타를 했다. 영화에 관한 기본 정보는 아래의 표에 정리하였으니 참고하기 바란다.

| 수업 자료 개요 |

영화명	〈노 임팩트 맨〉	장르	다큐멘터리	등급	전체관람가
상영시간	92분	감독	로라 가버트	주연	콜린 베번
줄거리	작가이자 환경운동가인 콜린이 1년간 가족과 함께 지구에 해를 끼치지 않는 생활(예컨대 지역에서 생산되는 농산물 소비, 전기 사용 안 하기, 일회용품 안 쓰기 등)에 도전하는 프로젝트를 시작한다. 시간이 갈수록 프로젝트는 위기를 맞이하기도 하는데…				

■ 내용(사실) 질문

- 노임팩트맨의 뜻은 무엇인가?

- 콜린이 노임팩트맨을 실천하려고 생각한 이유는?

- 콜린이 환경에 영향을 주지 않기 위해 처음 실천한 일은 무엇인가요?

- 콜린은 무엇을 실천했나요?

- 노임팩트로 살겠다는 콜린의 의견에 아내 미셸은 어떤 반응을 보였나요?

- 콜린이 소비를 조장하는 상자라고 부른 것은 무엇인가?

- 콜린이 처음 봉착한 어려움은 무엇이었나?

■ 사고(심화) 질문

- 영화를 보고 얼마나 많은 사람이 동참을 결심했을까?
- 콜린에게 노임팩트맨의 삶을 유지하기 어려운 순간이 온다면 어떤 때일까?
- 환경을 위해 소비를 줄인다면 사회 · 경제에 또 다른 문제는 없을까?
- 콜린의 행동으로 주변 사람들이 겪는 불편함은 무엇이 있을까?
- 프로젝트 실천 전과 실천 후 행복도는 어떻게 다를까?
- 비 오는 날 걷다가 감기에 걸려서 병원 가고 난방한다면 친환경적 삶이라 할 수 있을까?
- 직접 음식을 조리하는 데 발생하는 쓰레기는 배달 음식 쓰레기보다 적은가?

■ 적용(실천) 질문

- 나는 TV와 휴대폰이 없다면 그 시간에 무엇을 할까?
- 내 삶은 환경에 어떤 영향을 미치는가?
- 내가 환경을 위해 실천할 수 있는 일은 무엇인가?
- 나라면 얼마나 오래 노임팩트맨으로 살 수 있을까?
- 나라면 어떤 상황에서 노임팩트맨을 포기하게 될까?
- 내가 아내라면 콜린의 제안에 동참했을까?
- 나의 결심이 가족과 주변에 불편함을 준다면 어떻게 할까?
- 내가 한 행동 한 가지를 정해 그 행동의 파급력을 생각해 볼까?

■ 종합(메타) 질문

- 대중교통을 이용하면 이동하는 데 시간이 오래 걸리는데, 삶에서 시간

과 환경의 가치 중 무엇이 중요한가?

- 우리 사회에 노임팩트맨 프로젝트를 확산하는 방법은?
- 주변의 불편함 없이 환경에 도움을 주는 행동은 무엇이 있을까?
- 환경 문제 이외에 우리 주변에서 여러 입장의 이해가 엮인 사례는 무엇이 있을까?
- 많은 사람이 실천할 수 있는 친환경 소비의 사례는 무엇이 있을까?
- 지속할 수 있는 친환경적 삶은 어떤 삶일까?
- 친환경적 삶이 개인의 행복도를 저하한다면 어떻게 해야 하나?

활동지에 다음과 같은 내용을 추가해서 학생들의 생각이나 실천을 끌어내었다.

- 최종 질문에 대한 자기 생각을 써 보세요.
- 내가 실천할 수 있는 습관은 무엇인지 써 보세요.
- 배우고 느낀 점을 써 보세요.

03

큐앤알 학습 모형

학습의 시작은 질문,
학습의 정리는 반응

개요

큐앤알 학습에서 **Q는 질문(Question), R은 반응(Response)**의 약자이다. 학생들의 질문 만들기로 수업을 시작해서 다양한 반응으로 마무리하는 학생 주도 학습법이다. 이는 2011년 박순덕 수석교사 중심으로 만든 질문(Q)과 설명(E) 중심의 Q&E 학습을 개선하고 업그레이드한 것이다. 큐앤알 수업[2]의 특징은 학습의 시작은 질문이고, 학습의 정리는 반응 (설명)이라는 데 있다. 수업 시간에 누구나 질문하고 설명하며, 재미있게 참여하도록 한다. 이를 위해 교사는 학생들이 직접 질문을 만들게 하는 수업 설계를 통해 호기심을 자극하고, 질문에 대한 생각을 자극하여 학습 의욕을 고취한다. 그리고 학생은 배운 내용을 설명하거나 구조화하여 반응하면서 성취기준과 학습 목표에 도달하게 된다.

....

2. 큐앤알 수업 내용은 《수업을 Q&E 하다》, 《큐앤알, 한 학기 한 권 읽기를 만나다》의 저자 박순덕 수석교사가 제공했다.

큐앤알 학습모형 수업 전개 방법

큐앤알 수업이 어떻게 전개되는지를 수업 사례와 함께 살펴보자.[3] 아래 표에는 단계별 주요 활동 내용을 중심으로 요약해 놓았다.

| 큐앤알 학습모형 단계별 주요 활동과 평가 |

단계	주요 활동 내용	과정 중심 평가
탐색-반응	• 동기유발 • 학습 문제 확인 • 학습 활동 안내	학습 전 과정에 걸친 성취기준에 근거한 과정 중심 평가
질문-반응	• 질문 만들기(핵심 질문 포함) • 질문 나누기 • 짝 활동, 모둠 활동, 전체활동	
정리-반응	• 구조화·시각화하여 정리하기 • 정리한 것 말로 설명하기 • 다양한 방법으로 반응하기 • 정리하기	

■ 탐색-반응: 오늘 공부할 내용에 대해 탐색하기

탐색-반응에서는 전시학습을 상기시키거나 동기유발을 통해서 오늘 공부할 내용에 대하여 '이게 뭐지?', '어떻게 하는 거야?', '재미있겠다.', '빨리해 보고 싶다.'라는 흥미와 관심을 불러일으킨다.

....

3. 큐앤알 학습연구회 다음 카페(https://cafe.daum.net/talktalkQnE)에 방문하면 좀 더 다양한 자료와 도움을 받을 수 있다.

학생의 내적 동기유발은 수업의 성패를 좌우할 만큼 중요하기 때문이다. 교사는 학생이 오늘 공부할 문제나 내용에 대하여 관심을 갖도록 안내해야 한다.

■ **질문-반응: 질문 만들기와 질문 나누기**

질문-반응에서는 학생의 질문 만들기와 상호 질문 나누기를 한다. 과목과 교재 내용에 따라서 수업 활동이 다양하게 전개된다. 예를 들면, 사회 수업에서는 교재를 읽는 시간이, 수학 수업은 배울 내용을 읽고 문제를 푸는 시간이, 실험 수업은 실험 활동 시간 등이 학생 활동으로 필요하다.

• 질문 만들기: 학생 스스로 질문을 만드는 과정

아주 사소한 질문도 존중하여 고개 숙인 아이도 말문이 트이게 해

큐앤알 학습에서 질문 만들기

• 아주 쉽고 사소한 질문도 무시하지 않기
• 질문은 교재 내용과 학습 주제로 한정하기
• ~을 어떻게 하나요?(How), ~은 무엇인가요?(What), 왜 ~하나요?(Why)로 질문 만들기
• 친구의 좋은 질문을 함께 적기
• 성취기준에 도달할 수 있는 질문이 나오지 않을 때 교사가 질문하기

■ 학생 질문 노트

친구들과 질문하고 설명하는 과정에서 자기에게 도움이 되는 질문은 나의 질문으로 공책에 적게 한다.

야 한다. 학생 각자가 그날의 교재를 읽고 분석하여 더 알고 싶은 것, 궁금한 것, 이해 안 되는 점 등에 대해 질문을 만드는 시간이다. 질문 만들기에서는 한 시간에 질문의 양은 2~5개 정도가 적당하다. 이때 질문의 범위를 학습 목표와 성취기준에 도달할 수 있도록 교재 내용으로 한정해야 한다. 질문을 만드는 시간은 대체로 5분 내외가 적당하다. 다음과 같은 방법으로 쉬운 질문부터 시작하여 질문 만드는 방법을 가르치는 것이 바람직하다.

- 1단계: 교사가 한 두 문장을 같이 읽고 "이 내용에 대해서 궁금한 것은 없니?", "더 알고 싶은 것은 없니?", 이 문장에서는 "어떤 질문을 만들 수 있을까?", "다른 방법은 없을까?", "왜 이렇게 되는 걸까?", "여기에서 궁금한 점은 없을까?"와 같은 질문을 던지며 교사가 질문을 만드는 시범을 보인다.

- **2단계:** 학생과 같이 읽거나, 활동 과정을 거치면서 궁금한 점을 찾아 질문으로 같이 만들어 본다.
- **3단계:** 학생 혼자 읽거나 문제를 풀거나 활동하면서 스스로 질문을 만들어 적는다. 친구들과 질문하고 설명하는 과정에서 자기에게 도움이 되는 질문은 나의 질문으로 공책에 적게 한다.

- **질문 나누기:** 질문을 서로 묻고 설명하며 반응하는 과정

질문을 만들고 친구의 질문에 반응할 때 학습이 가장 활발하게 일어난다. 질문을 만들고 반응(설명)하는 과정에서 학습 능력이 좋은 학생은 심화학습으로 내면화되고, 낮은 학생은 친구에게 배우는 기회로 자극을 받아 서로에게 긍정적인 영향을 미친다.

학생이 만든 질문을 짝이나 모둠 학생에게 묻고 답(설명)을 적

▎학생들이 질문을 나누는 모습
쓰기를 어려워하는 저학년이라면 말로만 해도 된다. 질문 수업은 학생들의 수준과 맥락, 학습 상황에 맞게 적용하면 된다.

는다. 모둠에서 해결되지 않은 질문은 학생 전체나 선생님께 질문한다. 질문에 대하여 정답을 말하는 것보다 설명하는 것이 더 중요하다. 아는 만큼만 부담 없이 설명하게 한다. 친구와 해결되지 못한 질문은 교사에게 질문하고, 교사는 학생의 질문을 받아 다시한번 큰소리로 전체 학생에게 말해 준다. 그리고 이 질문에 대해 설명할 학생을 찾아 다른 학생이 설명할 기회를 준다.

저학년의 경우 쓰는 것을 어려워하면 말로만 해도 된다. 학생들의 수준과 맥락, 학습 상황에 맞게 적용하면 된다. 학생들이 말하고 설명하기 위해서 교사는 침묵하고 기다려 줄 수 있어야 한다. 질문 나누기는 다음과 같이 요약할 수 있다.

- 친구끼리 서로 질문하고 설명하기(학생)
- 해결되지 않는 질문 전체 학생들에게 질문하기(학생)
- 설명할 친구 찾아 설명할 기회 주기(교사)
- 보충 설명하기(학생), 학습 자료 사용하여 보충하기(교사)

■ 정리-반응: 구조화·시각화하여 정리하기, 설명하기

배운 내용을 학생들이 나름의 방법대로 구조화하거나 시각화해서 정리하는 과정이다. 수업에서 알게 된 내용을 각자가 좋아하는 방법으로 구성하는 과정으로 매핑(mapping)으로 정리할 수 있다. 매핑은 지도 만들기, 그리기, 계획하기, 배치하기, 옮기기, 도표로 작성하기, 연관시키기 등 학생 나름대로 공부한 내용을 정리하여

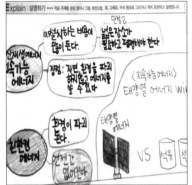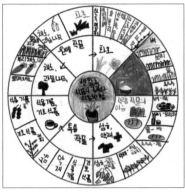

구조화, 시각화하여 각자 공책에 정리하기

수업에서 배운 내용을 각자 선호하는 방법으로 구성하는 과정이다.

표로 제시하거나 그림을 그리는 활동이다.

정리하기는 학생의 개인차와 수준을 고려하여 지도한다. 학생마다 출발점이 다르고 배움이 일어난 정도가 다르기 때문이다. 처음에는 줄글로 쓰지만, 점차 익숙해지면 마인드맵이나, 그림, 도표, 분류, 비주얼 씽킹 등으로 지도하는 것이 바람직하다.

• 정리한 것을 말로 설명하기

각자가 정리한 내용을 말로 설명하여 수업을 마무리하는 과정이다. 설명하기를 통해 메타인지를 높이고, 그날 배운 내용을 완전히 자기 것으로 만든다.

• 여러 가지 방법으로 반응하기

배운 내용에 대해 여러 가지 방법으로 반응하고 정리하는 과정이

┃ 짝에게 설명하는 모습

설명하기를 통해 친구, 선생님, 부모님 등에게 설명함으로써 메타인지가 활성화된다.
나아가 배운 내용을 온전히 자기 것으로 만들어갈 수 있다.

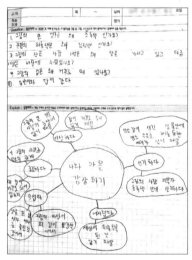
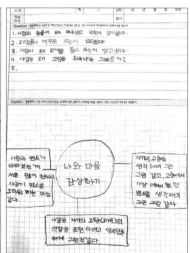

┃ 큐앤알 노트

학생마다 성향이 다른 만큼 배운 내용을 여러 가지 방법으로 반응하고 정리하는 과정
을 거친다. 부족한 부분이 있다면 교사가 추가 설명을 덧붙인다.

다. 학생들은 각자 성향이 다르다. 말하기를 좋아하는 친구도 있지만, 몸짓으로 표현하거나, 노랫말로 정리하기를 좋아하는 친구도 있다. 스스로 정리한 것을 친구에게 설명하거나 다양한 반응으로 정리함으로써 수업을 마무리한다. 학생이 학습 목표나 성취기준 도달이 미흡하다고 생각되면 교사가 보충 설명을 해준다.

거꾸로 교실

교실을 가르치는 공간에서 배움의 공간으로

개요

거꾸로 교실(Flipped Learning)은 학생이 핵심 내용을 동영상으로 먼저 학습한 후, 수업 시간에 내용을 적용하고 탐구하는 활동을 하는 수업이다. '미찾샘(미래 교실을 찾는 선생님)'이라는 전국 단위의 자발적 수업 공동체를 통해 동영상, 수업 방법을 공유하여 수업 준비 부담을 줄이며, 서로 성장을 돕는 교사 간 협업이 활발하게 이루어지고 있다.[4]
거꾸로 교실은 2007년, 미국 고등학교의 과학 교사인 존 버그만과 애론 샘즈가 운동선수 학생들의 수업 결손 해소를 위해 동영상으로 수업 장면을 찍어서 제공했던 것에서 시작되었다. 결석한 학생을 위해 만들었던 강의 동영상을 공유해 아이들이 가정에서 먼저 보고, 학교에서는 질의응답, 토론, 실험 등의 학생 활동으로 수업을 채워나갔다.

....
4. 거꾸로 교실에서 질문 수업 사례는 울산 과학고 조선화 선생님이 집필했다.

스키너 학습이론에 따르면, 교사가 강의할수록 학생들은 조용히 앉아 필기하도록 길들여지는 수동적인 학습자가 된다. 그러나 거꾸로 교실 수업에서 일어나는 배움은 동영상을 통해 기존 수업에서 반복해 오던 요소를 제거하여 더욱 중요한 것에 집중하게 한다. 가르치는 방식이 바뀌면서 더 깊고 넓은 배움의 세계가 열린 것이다. 이로써 교실은 가르치는 공간에서 배움의 공간으로 거듭난다.

거꾸로 교실 수업 전개 방법

거꾸로 교실은 다양한 방법들이 혼합되어 사용될 수 있으므로 하나의 정해진 모델이 있는 것은 아니다. 다만, 텍사스대학교의 교수 학습 센터에서 제시한 거꾸로 교실 수업의 절차가 수업 전, 수업 중, 수업 후 활동의 구조로 되어 있어 대표적으로 활용되고 있다. 여기에서도 이 모델을 소개하기로 한다.

■ 수업 전

학생들은 가정 학습을 통해 교사가 온라인에 올린 디딤 영상을 보면서 새로 배울 개념에 대해 학습한다. 이때 학생들은 영상에서 제시한 퀴즈 또는 간단한 평가 내용을 풀면서 익힌 내용에 대한 이해 정도를 스스로 파악하기도 하고, 필요한 질문은 노트에 적어서 다음 날 수업에서 교사에게 질문한다.

동영상은 기본 원리나 개념 중심으로 10분 이내가 적당하다. 컴퓨터의 영상 제작 프로그램을 활용하거나, 스마트폰이나 캠코더를 이용해서 만든다. 동영상은 유튜브 혹은 SNS(클래스123), 구글 클래스룸, Easy & Fun 퀴즈앤 등에 탑재해서, 학습자가 시간과 장소에 구애받지 않고 접근할 수 있게 한다.

■ 수업 중

교실 수업 활동은 두 부분으로 나뉜다. 도입 단계에서는 학생들이 전날 가정 학습에서 익혔던 내용 중 질문 사항을 개별 또는 팀별로 질문하고, 교사는 피드백을 통해 학생들의 학습 상황을 파악한다. 또한 교사는 학생들에게 해당 수업 시간 동안 해야 할 과제를 알려준다.

　도입 단계 이후부터 학생들은 팀별 과제를 수행한다. 이때 과제는 가정 학습에서 익힌 지식과 학습 내용을 실제로 적용해 볼 수 있는 토론 및 토의, 프로젝트 학습 등 활동적인 과제가 좋으며, 익힌 개념을 활용하고 적용하는 것이 핵심이다. 이때 교사는 학습 부진 학생을 위한 구체적인 개별화 학습을 진행하고, 학생 활동을 모니터링한다. 학생들이 무엇을 알고 있는지 또는 무엇을 모르고 있는지를 파악하고 개별 또는 팀별 처치를 한다.

■ 수업 후

교사는 학생들이 고차적인 적용 활동을 할 수 있도록 다양한 자료를 제공하고, 온라인을 통해 학생들과 필요한 상호작용과 피드백을 주고받는 활동을 한다. 즉 학생들이 핵심 주제를 확인하거나 습득된 지식을 확장시켜 나갈 수 있도록 온라인에 보충 영상이나 자료 등 도움을 지속적으로 제공하면서 학생들과 상호작용을 한다.

이제까지 설명한 거꾸로 교실 수업 활동들을 수업 단계별로 정리하면 아래의 표와 같다.

| 거꾸로 교실 단계별 수업 설계 및 내용 |

수업 단계	수업 설계 및 내용
수업 전	1. 교재 분석, 성취 기준을 설정, 수업과 평가 및 기록 활동 계획 2. 사전 디딤 영상 제작 3. 학생은 동영상 강의를 시청 후 퀴즈 풀기 4. 질문 적기
수업 중	1. 도입 단계 : 동영상으로 익힌 내용 확인 및 피드백 2. 활동 과제 수행 : 과제 제시 및 개별 · 팀별 과제 수행 3. 교사 역할 　- 부진 학생 개별화 학습 진행 　- 학생 활동을 모니터, 지속적인 평가 　- 개별, 팀별 처치
수업 후	1. 온라인을 통한 보충 영상이나 자료 제공 2. 학생들과 지속적 상호작용 및 피드백

거꾸로 수업에서 질문 활용 방법

'화학' 교과에서 거꾸로 교실 수업을 실천한 사례를 간략히 소개한다. 개요는 다음과 같다.

- 교과: 고급 화학
- 대단원: Ⅱ.물질의 상태와 용액_01.몰과 화학 식량
- 학습 주제: 유효숫자와 과학적 표기법

■ 사례 1: 디딤 영상 시청 확인 활동 단계에서 질문 활용

첫째, 본 수업 시간의 학습 활동을 본격적으로 하기에 앞서, 디딤 영상 시청 내용을 떠올려 학생 스스로 의문이 드는 사항에 대해 질문 5가지를 정리하여 미래 교실 네트워크에서 다운받은 활동지에 작성하게 한다.

둘째, 4인 1모둠 기준 모둠 구성원들의 개별 5가지 질문으로 총 20개의 질문 중 가장 공감을 많이 얻은 질문 1가지를 선정하여 모둠별로 패들렛에 찍어 올린다.

셋째, 패들렛에 모둠별로 선정된 질문이 모이면, 학급 전체 화면으로 띄워 공유하고 질문에 대한 답을 함께 구해 본다.

넷째, 공유된 질문 중 정확한 답을 알 수 없는 경우, 챗GPT에 질문해서 학생들이 생각한 답과 비교한다.

다섯째, 본 수업 시간에 학급에 공유된 질문들을 교사는 학생 개별 수업

활동으로 기록해 나간다.

여섯째, 학기 초 평가계획서에 수행평가 항목으로 설정하여 매시간 디딤

영상 시청 확인 활동으로 진행해 나간다.

일곱째, 중간고사나 기말고사 기간을 기점으로 그동안 작성된 학생 개별

활동지들을 스캔하고 정리하여 학급 전체에 공지한다.

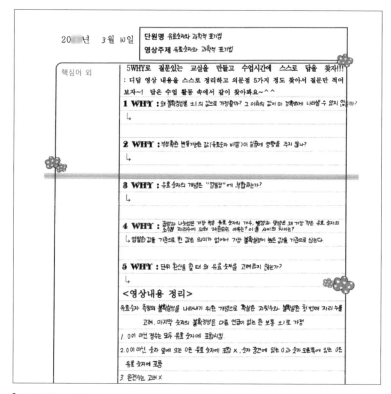

▌실제 활동지 작성 예시

'유효숫자와 과학적' 표기법에 관한 디딤 영상 시청 후 스스로 의문이 드는 사항에 대하여 5가지를 정리하여 활동지에 작성하도록 하였다.

▪ 사례 2: 모둠별 협력적 학습 활동 단계에서 질문 활용

첫째, 본 수업 시간의 학습 범위에 해당하는 교과서 페이지를 제시한다.

둘째, 교과서의 페이지 내에서 4인 1모둠 기준으로 학생 한 사람당 학습
　　내용에 대한 개념 이해 및 문제 해결 능력을 확인할 수 있는 문제를
　　1문제씩 오류가 없도록 질문 형식에 맞추어 퀴즈를 낸다. 포스트잇
　　한 장에 1문제씩 작성하도록 지도한다.

셋째, 모둠 내에서 출제된 4문제에 대해 오류가 없는지 서로 검토하고, 교
　　사가 제시하는 규칙에 따라 배점을 부여한다. 또 다른 포스트잇 한
　　장에 질문 번호에 맞는 답을 정리한 정답지를 만들도록 지도한다.

넷째, '둘 가고 둘 남기' 활동을 통해 지정된 모둠끼리 상호 질문에 대한
　　답을 맞히는 활동을 진행한다. 즉 다른 모둠에 가서 그 모둠에서 제

문제 출제 활동 예시

모둠 구성원 각자 아래 중 하나를 선택해서(중복 최소화) 오류 없이 출제하
시오.

　　1. 다음 결과에서 유효숫자의 개수를 적으시오(1)
　　2. 다음 결과에서 유효숫자의 개수를 적으시오(2)
　　3. 유효숫자를 고려하여 다음의 계산값을 적으시오(더하기, 빼기)
　　4. 유효숫자를 고려하여 다음의 계산값을 적으시오(곱하기, 나누기)

출제 후 문제 난이도에 따라 배점(2점, 2점, 3점, 3점 중 택일)을 정하고, 다른
종이에 정답지를 만든다.

│ 거꾸로 교실 수업에서 퀴즈를 출제하는 학생들(좌)과 모둠별 퀴즈(우)

4인 1모둠 기준으로 학생 한 사람당 학습 내용에 대한 개념 이해 및 문제 해결 능력을 확인할 수 있는 문제를 1문제씩 오류가 없도록 질문형식에 맞추어 퀴즈를 낸다. 포스트잇 한 장에 1문제씩 작성하도록 지도한다.

시하는 질문에 대한 답을 맞히고 오는 사람과 모둠에 남아서 다른 모둠에서 오는 사람에게 질문을 제시하는 사람을 선정하여 두 모둠이 제시하는 질문에 대한 답을 맞히는 활동이 이루어질 수 있도록 한다.

다섯째, 모둠별 점수를 공개하고, 좋은 질문에 대해서는 학급 전체 화면에 공유하여 확인한다.

철학적 탐구공동체

교실을 배움이 넘치는
철학적 탐구의 장으로

개요

철학적 탐구공동체는 어린이철학교육의 창시자인 매튜 립맨(Matthew Lipman) 교수가 제시한 탐구공동체에서의 탐구 절차에 따라 정립된 수업 모형이다. 학생들이 함께 교재를 읽고 만든 철학적 질문을 공동체가 함께 탐구하며 학생들이 표현하는 식으로 전개된다. 중앙교육연수원에서 〈생각을 키우는 수업, 철학적 탐구공동체〉라는 제목으로 15차시 연수를 무료로 실시하고 있다. 철학적 탐구공동체 수업[5]을 통해 다양한 교과에서 철학적 탐구에 기반한 질문과 토론이 일상적으로 이루어질 수 있다. 그 과정에서 학생들은 불확실성 시대에 꼭 필요한 역량들을 키워갈 것이다.

....
5. 철학적 탐구공동체 수업 사례는 울산 삼호중학교 진소연 선생님이 집필했다.

철학적 탐구공동체 수업 전개 방법

철학적 탐구공동체 수업은 교실을 생각과 질문이 넘치는 철학적 탐구와 토론의 장으로 만들어 가고자 한다(단계별 주요 활동과 내용은 아래 표 참조).

| 철학적 탐구공동체 단계별 활동과 내용 |

단계	활동	활동의 내용
1단계	교재 읽기	1) 돌아가며 크게 소리 내어 읽기 2) 등장인물의 사고 활동에 대한 점진적 내면화
2단계	질문으로 토론 주제 만들기	1) 질문 만들기 2) 질문 발표하고 칠판에 기록하기 3) 토론 주제 구성 4) 토론을 어디서 시작할지 결정하기
3단계	토론으로 공동체 다지기	1) 대화적 탐구 2) 탐구 질문에 대한 문제 해결의 과정
4단계	연습문제 활용하기	1) 교사가 사전에 계획한 토론 계획, 연습문제 활용 2) 다양한 철학적 쟁점과 대안 제시
5단계	표현하기	1) 심화 반응 끌어내기 2) 개인적, 공동체적으로 활동해 보기 3) 질문과 토론에서 얻은 아이디어를 글쓰기 등으로 표현하기

■ 1단계: 교재 읽기

전통적인 철학적 탐구공동체 수업에서는 이야기 형식의 교재를 함께 읽는다. 하지만 과학 교과에서는 우리 주변에서 관찰·경험하는 자연 현상이나 문제 자체가 탐구 주제가 될 수도 있기에 영화나 영상, 사진, 실험이나 실물 자료 등도 적절히 활용한다.

이야기 1	
성취기준	[9과03-02] 생물 종의 개념과 분류 체계를 이해하고 생물을 계 수준에서 분류할 수 있다.

즐거운 점심시간, 지민이는 반찬이 마음에 들지 않는 모양이었다. 제대로 먹지 않고 어두운 표정으로 고민에 잠겨있었다. 옆에 있던 동욱이가 말을 걸었다.

동욱 지민아, 왜 밥 안 먹어? 어디 아파? 상추 쌈 싸서 먹어봐. 나는 보쌈이 제일 맛있더라.

지민 동욱아, 어제 우리 영화 〈옥자〉 같이 봤잖아. 너는 옥자의 살을 도려 먹는 듯한 기분 들지 않니? 옥자가 눈에 아른거려. 나 이제 돼지고기 안 먹을까봐.

동욱 에이! 영화는 영화고~ 나는 맛있기만 한데? 고기 안 먹고 어떻게 단백질 보충해. 얼른 먹어.

지민 개 키우는 사람들은 개고기 안 먹잖아. 우리가 돼지를 안 키워봐서 그렇지. 돼지도 다 생각이 있고 감정이 있을건데 이제 못 먹겠어. 이참에 채식으로 전환하려고 해. 채식하면 기후위기도 막을 수 있다던데 비건은 못해도 페스코 채식이라도 하려고.

동욱 나는 하루라도 고기 없이는 못 살아. 사람이 먹고 행복한 게 우선이야. 도축하는 거는 바로 죽이는 거니까 고통을 적게 주고 우리 몸에 영양분을 주지. 동물 실험한다고 멀쩡한 동물한테 약 넣어서 고통을 주는 경우도 있는데 먹는 거는 괜찮아.

민우 지민아, 그렇게 따지면 인간은 아무것도 먹을 수 없어. 얼마 전에 인터넷에서 봤는데 식물도 인식과 감정이 있다고 해.

지민 진짜야? 그러면 동물도 못 먹어. 식물도 못 먹어. 버섯 같은 것만 먹어야 하나? 아니면 미역이나 김 같은 해조류? 왠지 버섯, 미역 다 생각이 있을 것 같은데. 아니면 완전 스피룰리나 가루 같은 것만 먹고 살아야 하나? 어떡해야 해.

(이하 생략)

예컨대 중학교 1학년 「생물다양성」 단원에서는 채식, 동물실험, 유전자 조작 등의 과학 쟁점을 다루는 영화와 이야기를 교재로 제공했다. 중학교 2학년 「수권과 해수 순환」 단원에서는 플라스틱 해양오염, 3학년 「별과 우주」 단원에서는 우주 개발과 우주 쓰레기와 관련된 영상과 이야기를 교재로 제공했다.

이러한 과학 쟁점들은 영상 자료와 함께 논의 방향과 경계를

이야기 2	
성취기준	[9과05-04] 상태 변화와 열에너지의 관계를 이해하고, 상태 변화 과정에서 출입하는 열에너지가 생활에 이용되는 사례를 찾고 설명할 수 있다.

(이전 생략)

"울산은 자동차, 조선 산업이 유명하지요. 모두 철을 다루는 산업입니다. 그 기원이 어떻게 생각하면 이 달천 철장에서 시작되지 않나 싶어요. 우리나라 산업의 기반이 되고 경제 성장의 밑거름이 된 철 생산 문화를 기리고 우리 지역의 정체성을 살리기 위해 2002년 광산 폐광 후 2005년부터 축제를 열기 시작했습니다."

"예부터 철을 다루는 기술이 이곳 울산에 있었다니, 산업 도시가 그냥 이루어진 게 아니구나 싶습니다. 전기도 기계도 없던 옛날에 어떻게 철을 생산하였습니까?"

"우선 철이 포함된 철광석을 광산에서 캐 와서 잘게 부수어야겠지요. 그리고 자석으로 철가루만 분리하여 모읍니다. 철가루는 가마에 넣어 녹이고 쇠똥(슬래그)과 분리하여 틀 안에서 굳힙니다. 원리는 간단하지요? 하지만 전기나 기계도 없이 자력으로 그 일을 한다는 것은 참 힘든 과정이랍니다. 쇠를 녹이려면 가마 온도를 1,300도씨 이상으로 올려야 하는데 그 과정에서 산소를 계속 공급해야 해요. 일꾼들이 쉼 없이 계속 풀무질을 해야 했지요. 이 과정이 굉장히 힘들었답니다. 그래서 노동요를 만들어 불렀고 이를 불매 소리라 합니다. 저기 저쪽에 가마가 있어요. 한번 둘러보고 갑시다"

설정해 줄 수 있는 짧은 이야기를 제공할 때 교육과정과의 연결이 한층 더 쉬워진다.

148쪽의 이야기 1은 「생물다양성」 단원에서 〈옥자〉 영화를 보고 함께 읽은 이야기이고, 149쪽의 이야기 2는 「마을 이야기 속 과학원리」 주제 선택 수업에서 달천 철장을 주제로 함께 읽은 이야기의 일부이다. 이런 이야기는 학생들과 논의하고 싶은 내용을 포함해서 한두 장 분량으로 자유롭게 적어 만들기도 하고, 때때로 동화책이나 신문 기사를 활용하기도 한다.

이야기를 함께 읽을 때는 등장인물을 나누어 읽기도 하고, 한

줄씩 돌아가며 읽기도 한다. 이처럼 함께 읽는 활동을 통해서 우리가 공동체라는 느낌을 받을 수 있다. 이야기를 읽고 나면 어떤 내용이었는지, 어떤 질문들이 나올 수 있을지 간단하게 생각나는 대로 발표해 보고 질문 만들기로 넘어간다.

꼭 이야기(148~149쪽 참조) 자료가 아니라도, 때로는 간단한 사진 한 장을 학생들에게 보여주면서 수업을 시작할 수도 있다. 예컨대 관찰의 중요성을 알려주고 개념과 관련된 현상을 묘사하고 있는 사진 한 장을 유심히 관찰 후 질문을 만들게 한다. 학생들은 사진을 각자의 관점에서 바라보며 다양한 질문을 만든다. 또한 시범 실험이나 교과서의 탐구 실험 자체를 활용하여 실험 후에 질문을 만들고 탐구를 시작하는 방향으로 수업을 전개하기도 한다.

■ 2단계: 토론 주제(질문) 만들기

이야기를 읽고 학생들이 탐구하고 싶은 주제를 질문 형태로 만드는 단계이다. 개인 질문을 만들고, 왜 그 질문으로 탐구하고 싶은지를 한 번 더 생각해 보게 함으로써 탐구의 가치와 의미를 숙고하게 한다. 개인 질문은 각자 스마트기기를 이용하여 패들렛에 올린다. 전체 학생들은 패들렛에 올라온 질문을 훑어본 후 탐구하고 싶은 질문에 하트를 누른다.

하트를 많이 받은 4~5가지를 칠판에 적고, 해당 질문을 한 친구에게서 질문을 한 이유와 질문에 대한 설명을 들어본다. 이 과정에서 질문이 잘 이해되지 않는 친구는 질문에 대해 추가 질문을 하고, 비슷한 질문은 묶어서 새로운 질문으로 만들어 내기도 한다. 그렇게 질문 몇 가지가 추려지면, 탐구하고 싶은 질문을 거수로 뽑아 공동체에서 탐구를 시작한다. 패들렛을 사용하지 않을 경

| 학생들이 직접 만든 개인 질문 |

이야기 1	• 고기를 대신할 것이 있을까? • 인간이 먹고살기 위해 동물을 희생시키는 것이 옳은 것일까? • 만약 고기를 먹는다면 어떻게 해야 윤리적일까? • 식물은 생각을 하는가? • 하이브리드 애니멀(교잡종)을 생산하는 것은 옳은 일인가?
이야기 2	• 지금 철 생산과 옛날의 철 생산 방식의 차이점이 있을까? • 산소가 어떤 영향을 주어 가마 온도가 1,300도씨 이상으로 올라가는 걸까? • 철을 녹이려면 가마 온도기 1,300도씨가 되어야 하는 이유는? • 철가루는 왜 자석에 딸려 올까? • 울산이 자동차, 조선 산업이 크게 발달한 까닭은 무엇일까?
동화책 《갈라파고스》	• 왜 핀치는 가뭄이 이어질 때마다 부리가 커졌을까? • 사다새는 왜 주머니가 달려있을까? • 다른 몇몇 동식물들이 가라앉는 섬에서 살아남지 못한 까닭은 무엇일까? • 가뭄이 계속될수록 거북이 등딱지는 점점 작아지고, 앞쪽으로 들려 올라간 이유는 무엇일까? • 섬은 왜 시간이 갈수록 가라앉았을까?
얼음물이 가득 담긴 컵 사진	• 얼음(물)은 왜 투명색일까? • 얼음은 왜 물 위에 뜰까? • 유리를 만드는 주원료는 무엇일까? • 왜 물이 안 넘치는 걸까? • 컵 표면에 왜 물이 붙어 있을까?

우에는 포스트잇이나 허니콤보드에 적어 칠판에 붙이게 해서 전체 질문을 뽑기도 한다.

때로는 개인 질문을 모둠 내에서 공유하여 모둠 질문을 만들고, 모둠 질문을 모아서 전체 질문을 하나 선정하는 철학적 탐구공동체의 전통적인 절차를 따르기도 한다.

학생들의 질문은 교사가 미처 예상하지 못했던 창의성이 발휘되기도 한다. 학생들은 이미 탐구할 준비가 되어 있다는 믿음, 탐구 질문으로 선정되는 어떠한 질문도 가치 있다는 교사의 믿음이 이 단계에서 가장 중요하다. 앞에서 예시로 들었던 이야기 1, 이야기 2와 동화책 《갈라파고스》, 얼음컵 사진 한 장으로 학생들이 직접 만든 개인 질문을 몇 가지 소개하면 151쪽의 표와 같다.

■3단계: 질문 선정 및 대화적 탐구

공동체가 선정한 질문으로 대화하고 생각을 키우는 단계이다. 질문에 대한 개인의 생각을 정리할 시간을 주고 탐구를 시작한다. 바로 전체 학급 수준에서 논의할 수도 있고, 모둠 내에서 먼저 논의한 후 모둠 활동 내용을 발표하고 전체 논의로 이어가기도 한다. 탐구 방향은 질문의 유형에 따라 달라질 수 있다.

예컨대 '게놈 프로젝트란 무엇일까?', '유리를 만드는 주 원료는 무엇일까?' 등과 같은 질문은 조사 활동으로 해결할 수 있는 질문이다. 이런 경우에는 모둠별로 조사한 후 발표하고 질문 및 정리하는 방향으로 진행된다. '인간이 먹고살기 위해 동물을 희생시키는 것이 옳은 것일까?', '유전자 편집 아기 기술은 불공평한 것인가?' 등과 같이 윤리성을 띠고 있는 문제는 개인의 생각을 정리하게 하고, 바로 전체 토론으로 들어간다.

찬반으로 의견이 나뉘는 경우는 찬반 양쪽 의견을 충분히 들어보는 것이 중요하다. 그리고 나서 좀 더 우선해야 하는 가치가 무엇인지 논의하는 방향으로 이어간다. 토론 과정에서 학생들이 궁금해하는 부분이 있으면 인터넷을 이용해서 자료를 찾아보고, 연관된 질문도 함께 다룬다.

예컨대 '섬은 왜 시간이 지날수록 가라앉을까?', '거북이 등딱지 모양은 왜 변했을까?'와 같은 질문은 모둠 내에서 그럴듯한 가설을 만들어 발표하게 하고, 모둠의 가설들을 서로 비교하고 경쟁시켜 가장 합당하다고 생각하는 전체 가설을 만드는 방향으로 나아갈 수 있다. 가설을 실험으로 확인할 수 있는 경우라면 직접 실험 과정을 설계해서 실험하도록 한다. 얼음이 물에 뜨는 이유, 별의 시차가 생기는 이유, 저항을 직렬 연결하면 어두워지는 이유 등 설명 모델을 생성해 볼 수 있는 경우에는 모둠 활동으로 설명 모델을 생성하게 한 후 전체에 공유해 타당성을 평가해 본다.

다음은 '식물은 생각할 수 있을까?'라는 주제로 한 대화적 탐구 과정 사례로 수업에서 교사와 학생들이 실제로 주고받은 질문과 답변이다(154~155쪽 참조). '식물은 생각할 수 있을까?'라는 질문에 대해 답하기 위해 학생들은 태블릿을 이용해서 관련 자료를 찾아 발표하였고, 함께 자료를 공유하고 논의하는 과정에서 식물과 동

질문	식물은 생각할 수 있을까?

교사 식물이 생각할 수 있는가에 대해서 이야기해 봅시다.

사랑 저는 식물이 생각할 수 있다고 생각합니다. 제가 찾은 버밍엄 대학교 연구팀의 자료에서 식물에도 뇌가 있다고 했는데 뇌가 있으므로 생각을 할 수 있다고 생각합니다.

교사 사랑이가 찾은 자료에서 식물이 뇌가 있다고 했는데 사랑이는 '뇌가 있으면 생각을 할 수 있으므로 식물은 생각할 수 있다'라는 추론을 바탕으로 발표했네요. 뇌라는 게 뭘까요?

수현 인간의 머리 안에 들어 있는 것.

진호 식물의 뇌도 사람이랑 똑같이 생겼나요?

교사 글쎄. 사랑이가 조사한 자료를 함께 볼 수 있을까요? 패들렛에 자료 좀 올려봐 줄래요?

교사 같이 들어가서 보세요. "식물도 뇌가 있다. 씨앗 속에 아주 작은 뇌가 들어 있어서 스스로 파종해야 할지 아니면 휴면상태에 들어가야 할지 판단하고 있다는 연구결과가 발표됐다. 식물 지능 여부에 대한 논란을 불러일으킬 전망이다." 여기에서 한번 생각해 보자. 이 연구팀에서 '저게 뇌다'라고 주장하는데 저 뇌의 역할이 뭘까?

진호 휴면상태에 들어가야 할지 말아야 할지를 판단하는 거.

교사 그럼 연구팀에서 얘기한 그 역할이 생각이라 할 수 있을까?

서영 제 생각에는 식물은 감각기가 없어서 생각을 못해요.

교사 서영이가 얘기한 거는 생각이란 걸 하기 위해서는 감각이 필요하다는 얘기인가요?

서영 네.

교사 그렇다면 감각을 느낄 수 없다면 생각을 못하는 걸까요?

영훈 만약에 촉감이 없다면 생각이 안 되는 것이 아니라 만져지지 않는다는 생각이 일어날 것 같아요.

교사 영훈이 말대로라면 식물에 감각기관이 없어도 생각이 일어날 수 있다는 여지가 생기는 거네요.

주연 선생님, '식물은 신경세포가 생겨나지 않는 방향으로 진화했기 때문에 뇌가 없다.'라는 고려대 생명과학과 연구자료를 찾았어요.

질문	식물은 생각할 수 있을까?(계속)

교사 주연이가 찾은 자료를 더해서 정리해 보면 식물은 사람과 달리 신경세포로 이루어진 뇌는 없다고 할 수 있지만, 스스로 파종을 해야 할지 휴면상태에 들어갈지를 판단하는 어떤 부분은 있다고 할 수 있겠네요.

서영 선생님, 읽기 자료에서 식물이 생각한다고 클리버 벡스터가 주장하잖아요. 저는 그 효과를 벡스터 효과라 하는데 벡스터 효과는 아직 과학적으로 입증되지 않았기 때문에 식물은 생각할 수 없다고 생각합니다.

교사 과학적으로 입증되기 위해서는 뭐가 더 필요할까요?

사랑 실험을 통해서 직접 해봐야 할 것 같아요.

교사 벡스터 박사가 실험한 것으로 주장하는데 왜 과학적으로 입증되지 않았다고 이야기할까요? 어떠한 조건이 또 필요했을까요?

(침묵)

교사 예를 들어 볼게요. 선생님이 실험쥐를 가지고 실험했다고 해봅시다. 그 쥐가 손으로 톡 건드렸더니 토를 했어요. 그래서 이렇게 결론을 내렸어요. 모든 쥐는 다 건드리면 토한다. 실험했는데 이것이 과학적 사실일까요?

전체 아니요?

교사 왜 그럴까?

주연 그 쥐만 가지고 해서. 우연일 수도 있잖아요.

교사 그럼 과학적 사실의 조건에 뭐가 더 들어갈 수 있을까?

영훈 인원수? 다량? 여러 번?

진호 다수에 의해서.

물의 차이, 과학의 본성에 대해 생각하는 기회를 가졌다. 대체로 이처럼 전체 탐구로 바로 전개되는 경우가 일반적이다. 하지만 때로는 모둠 내 탐구 후 전체로 이어지기도 하는데, 관련 사례도 이어 소개한다. 다음은 '얼음(물)은 왜 투명할까?'라는 질문으로 모둠별로 진행된 탐구 활동을 요약한 것이다(156~157쪽 참조).

질문		얼음(물)은 왜 투명할까?
탐구 열기		교사 얼음(물)은 왜 투명할까요? 모둠별로 이유를 과학적으로 설명할 수 있는 모델을 만들어 봅시다. 거창한 모델일 필요는 없습니다. 그냥 '이러해서 이렇다'라는 설명이어도 되고 어떤 그림의 형태여도 좋습니다.
모둠활동	1모둠	창규 선생님, 그런데 얼음이 다 투명하다고 할 수 있나요? 저희는 아무리 생각해도 질문이 좀 이상한 거 같아요. 길에 얼어 있는 얼음은 불투명하거든요? 교사 좋은 질문이네요. 1모둠은 이 질문에 대해 탐구해 보는 게 어떨까요? 얼음(물) 중에 투명하게 보이는 것과 불투명하게 보이는 것은 어떤 경우들이 있는지 생각해서 발표해 볼래요?
	2모둠	하나 선생님 도저히 모르겠어요. 교사 그럼 투명하다는 말부터 정의해 볼까? 어떤 게 투명한 걸까요? 하나 색소를 타지 않은 물이 투명한 거 아니에요? 교사 색소를 탄 물은 불투명하나요? 진석 아니요. 그래도 투명하지 않나요? 뒤에 물체가 비쳐 보이잖아요. 교사 그렇다면 뒤에 물체가 비쳐 보이는 것을 투명하다고 할 수 있을까요? 전체 그런 것 같은데요. 교사 그럼 투명하다는 것의 정의를 여러분들이 그렇게 내리고, 왜 물 뒤에 있는 물체가 비쳐 보일 수 있는지 논의해 볼까요?
	3모둠	(활발히 논의하고 발표 자료를 제작하는 중) 논의 내용이 어떤 내용인지 파악하고 지나감
	4모둠	은찬 선생님 다했어요. 이렇게 하는 거 맞나요? 교사 잘하고 있어요. 어디까지 이야기가 되었나요? 은찬 '물은 수소 원자와 산소 원자를 가지고 있기 때문이다'라고 생각했어요. 교사 그렇군요. 물은 수소 원자와 산소 원자를 가지고 있지요. 그런데 분자 구성이 똑같은 물이더라도 눈이 되어 내릴 때는 하얗게 보이지 않나요? 똑같은 물이라도 어떤 때는 투명하게 보이고 어떤 때는 불투명하게 보이는 이유는 뭘까요? 그 부분에 대해 조금 더 논의해 보고 발표해 봅시다.
	5모둠	동혁 라면을 끓일 때 물을 먼저 끓이잖아? 그때는 투명하잖아. 그런데 스프를 넣어. 그럼 불투명해져! 교사 오 좋은 생각이네요. 스프를 넣으면 왜 불투명해지죠? 서진 그러게요. 그게 지금 문제예요. 교사 잘하고 있어요. 그 부분에 대해서 계속 논의해서 발표해 봅시다.

질문	얼음(물)은 왜 투명할까?(계속)
전체공유	교사 자, 여러분. 이제 모둠 내에서 논의한 내용을 함께 나누어 봅시다. 먼저 투명하다는 개념에 대해 정의를 내린 2모둠 발표부터 들어 볼까요?
	2모둠 저희는 뒤에 있는 물체를 비추어 보여주는 것을 투명하다고 생각했습니다. 물에 색소를 타더라도 색은 변하지만 뒤에 있는 물체가 보이면 투명합니다. 그 이유는 '물의 입자에 색이 없어서?'라고 생각했습니다.
	교사 뒤에 물체가 비쳐 보일 때 투명하다고 할 수 있다는 생각이군요. 그리고 물의 입자에 색이 없다고 생각했는데 4모둠 발표 들어 볼게요.
	4모둠 저희는 물은 수소 원자와 산소 원자를 가지고 있어서 투명하다고 생각했습니다. 수소 원자와 산소 원자 자체가 투명하다고 생각했는데, 물이나 얼음이 불투명할 때도 있다고 해서 잘 모르겠습니다.
	교사 물은 수소 원자 두 개, 산소 원자 하나가 결합한 물 분자 형태로 존재합니다. 물 분자 구성은 물, 얼음 모두 같지만 투명하게 보일 때, 불투명하게 보일 때가 있어요. 어떤 경우인지 1모둠에서 발표해 볼까요?
	1모둠 투명한 경우는 수조에 물이 들어 있을 때입니다. 물을 끓일 때 생기는 기포나 눈, 비, 샤워기를 틀었을 때 물방울들은 눈에 보이기 때문에 투명하지 않습니다.
	교사 점점 더 어려워지는데요. 나머지 모둠의 발표도 들어 보겠습니다.
	4모둠 저희는 라면을 끓일 때를 생각해 보았습니다. 분명 투명한 물인데 스프를 넣으면 불투명해져요. 왜 그럴까? 생각하다가 끝나버렸습니다.
	3모둠 저희는 세 가지로 정리했습니다. 첫째, 물을 이루는 입자 중에 색을 가진 입자가 전혀 없어서, 둘째, 뇌가 물의 색을 인식할 때 물의 색을 특별하게 인식하기 때문에, 셋째, 물은 물 뒤에 있는 물질의 색을 관찰하는 사람에게 전달하기 때문입니다.
	교사 잘 들었습니다. 3모둠은 물체의 색은 눈으로 들어온 빛 정보를 뇌가 인식해서 보는 것이라는 개념까지 나왔네요. 뒤에 있는 물체가 비쳐 보인다는 것은 물 뒤에 있는 물체에서 나오는 빛이 물을 통과해 우리 눈까지 들어온다는 이야기도 했어요. 잔잔하게 담겨있는 물은 빛을 통과시킬 수 있는 특성이 있다고 한번 생각해 볼 수 있겠습니다.
	주성 선생님, 그런데 왜 물방울은 눈에 보이고 물은 투명한가요?
	교사 물방울과 수조의 물의 차이점이 무엇인가요?
	예솔 물방울은 작고 물은 커요.
	교사 그런가요? 그 차이 때문에 다르게 보이는 걸까요? 깊이 있는 내용은 너무 어려운 부분이라 다음 시간에 영상으로 간략히 알아보고 수업을 시작할게요.

성취기준	[9과03-02] 생물 종의 개념과 분류 체계를 이해하고 생물을 계 수준에서 분류할 수 있다.

연습문제

1. 지민이는 왜 돼지, 상추, 버섯, 미역, 스피룰리나를 다르게 취급했을까? 각각의 생물들은 생물 분류 체계에서 서로 다른 무리로 분류되기 때문이다. 해당 무리에 해당하는 특징은 무엇일까?

생물	이 생물 무리의 특징	다른 예
돼지		토끼, 메뚜기, 지렁이, 연어
상추		소나무, 코스모스, 고사리, 이끼
버섯		곰팡이, 효모
미역		김, 아메바, 짚신벌레
스피룰리나		대장균, 헬리코박터파일로리균

2. 교과서를 보고 돼지, 상추, 버섯, 미역, 스피룰리나는 린네- 생물 분류 체계의 어떤 '계'에 속하는지 생각해서 적어 보자.

종	돼지	상추	버섯	미역	스피룰리나
계					

3. 생물을 분류하는 체계는 종-속-과-목-강-문-계 의 단계로 나누어져 있다. '종'은 어떤 개념일까?

이 수업은 물질의 상태 변화 단원에서 '얼음컵 표면에 물방울이 왜 생길까?'를 탐구하는 의도로 시작했다. 그런데 빛과 파동 단원과 연관된 질문이 선정되어 논의가 전개되었다. 이처럼 학생들의 자유로운 탐구 후에 교육과정으로 수렴하는 교사의 질문과 강의로 이어질 때, 학생들의 능동적인 학습이 가능하다.

■ 4단계: 연습문제와 토론 계획 활용하기

공동체에서 자유로운 대화적 탐구 이후에 교사에 의해 제공되는 질문들로 논의가 일어나는 과정이다. 이 단계에서는 학생들이 교육과정 내에서 다루어야 하는 내용들을 준비한다. 2, 3단계를 발산적이고 자유로운 느낌으로 진행한다면 4단계에서는 교사가 수렴적인 과제를 제공한다. 예컨대 「생물다양성」 단원에서 앞에서 제시한 이야기 1을 읽고 '식물은 생각할 수 있을까?'로 대화적 탐구를 한 후 주어진 활동지는 왼쪽과 같다(158쪽 참조).

학생들은 모둠에서 교과서를 보며 활동지를 해결한 후 생물다양성 단원 강의 수업을 진행하였다. '물은 왜 투명할까?'에 대한 탐구 후에는 물질의 상태 변화에 관한 수업을 진행하는 식이다.

■ 5단계: 표현하기

이 단계는 학생들이 탐구를 통해 개념화한 내용들을 새로운 방식으로 표현하는 활동이다. 이야기, 시, 그림 등으로 나타내거나, 개념을 이용한 프로젝트를 수행하는 것들이다. 예컨대 생물다양성 단원 탐구 후에는 우리 동네 생물다양성을 조사하고 생물 분류 카드 만들기, 생물 다양성 지도 제작하기를 해볼 수 있다. 또한 물질의 상태 변화 단원 탐구 후에는 상태 변화 입자모형으로 애니메이션 제작하기 활동을 진행해 볼 수 있다.

교재 읽기	전통적으로는 교재를 함께 읽는 방식이나, 영화나, 영상, 실험 등도 교재를 대신할 수 있다.

질문으로 토론 주제 만들기	탐구하고 싶은 주제를 질문의 형태로 만든다.

질문 선정 및 대화적 탐구	질문을 가지고 대화를 나누면서 탐구를 시작한다.

연습 문제 활용하기	교사가 제공한 질문들로 논의가 일어나는 과정이다.

표현하기	탐구를 통해 개념화한 내용들을 저마다 표현하는 과정이다.

▌철학적 탐구공동체 수업 절차

이상의 절차를 다양한 교과에서 적용해 볼 수 있다. 즉 다양한 형태의 자료를 제시하여 수업을 시작하고, 학생들이 만든 질문으로 함께 탐구하고 그와 관련된 교육과정 개념들을 정리한다.

이상은 철학적 탐구공동체 모형을 과학 수업에 맞게 적용한 사례들이지만, 다양한 교과에서 얼마든지 적용해 볼 수 있다. 즉 먼저 다양한 형태의 자료를 제시하여 수업을 시작하고, 학생들이 만든 질문으로 함께 탐구하고 그와 관련된 교육과정 개념들을 정리한다. 마지막으로 학습한 개념들을 글쓰기나 그림, 프로젝트 등의 다양한 활동을 통해 표현하는 방식으로 전개하는 것이다. 이처럼 질문하고 공동체에서 생각을 키우고, 표현하는 과정에서 아이들은 탐구력을 키우고 자기주도적인 학습을 하게 된다.

프로젝트 수업

아이들의 삶과 배움을 연결하다

프로젝트 수업(Project based learning)은 수업 시간에 교과 지식과 학생 활동을 통해 주제를 탐구하거나 실생활의 문제를 해결한 후, 이를 다양하게 표현하는 가운데 배움이 일어나는 수업이다. 이는 "교육은 실제 생활에서 이루어져야 하고, 사회를 살아가는 데 도움이 되어야 한다."라는 듀이의 실용주의 철학에 바탕을 두고 있다.

사회 문제를 발견하고 이를 해결하는 능력의 중요성이 날로 커지고 있다. 프로젝트 수업은 수업에서 배운 지식으로 더 나은 나와 사회를 만들기 위한 노력과 실천이 담긴 수업이다. 지식을 시험에만 연결하는 것이 아니라, 문제를 해결하고 지식을 삶과 사회로 연결하는 것이다.

프로젝트 수업의 핵심은 탐구 주제나 문제 상황이다. 이를 수업 시간에 학생 활동 중심으로 탐구 또는 해결하고 결과물을 산출한다. 또한 프로젝트 수업에서는 다양한 수업 방법이 총 출동되면서 학생들의 호기심과 탐구 활동, 문제 해결력을 키운다. 수업 활동 중에는 탐구 계획서, 브레인스토밍, 개인 및 모둠별 탐구 활동, 보고서 및 발표 자료 만들기, 결과물 제작을 포함한다. 이 과정에서 질문은 주제를 탐구하고 문제를 해결하는 프로젝트 수업 전반에 중요한 역할을 차지한다.

프로젝트 수업의 네 가지 요소

프로젝트 수업은 교육과정을 통합 및 재구성하는 등 다양한 방식으로 전개된다. 프로젝트의 성격에 따라 학기 내내 전개되기도 하고, 또 단기 프로젝트로도 진행할 수 있다. 다만 수업을 디자인할 때, 아래와 같은 네 가지 요소가 포함되도록 한다.

첫째, **주제 혹은 문제 상황**이다. 학생들이 흥미를 갖는 주제, 자신의 삶과 사회 문제와 연결할 수 있는 주제, 더 나은 세상을 위해 고민하고 실천하게 하는 주제를 선정하는 것이 바람직하다. 교사가 제시할 수도 있지만 학생들에게 선택권을 줄 때, 한층 활기찬 수업이 된다.

둘째, **교과 지식**이다. 수업에서 배운 지식을 활용하여 탐구하고, 문제를 해결하는 과정을 포함한다. 따라서 토론이든 글의 형태든 수업 시간에 다룬 내용이 바탕이 되어야 한다. 생각이나 인터넷 검색만으로 채운 활동은 교육 효과가 미비하다.

셋째, **학생 활동**이다. 교사의 강의가 아닌 학생이 직접 주제를 탐구하고 문제를 해결하는 과정에서 배움이 일어난다. 주로 모둠 활동을 통해 협업하는 과정이다. 과학 수업에서 실험이나 미술, 음악, 체육 수업에서의 다양한 활동도 포함한다.

넷째, **결과물 산출**이다. 프로젝트 수업의 결과는 보고서, 전지 발표, 프레젠테이션, 동영상, 전시 및 공연 등의 다양한 형태로 나타난다. 인포그래픽이나 미리캔버스 등의 에듀테크 앱을 활용해서 표현하기도 한다. 이는 개별 활동인 것도 있고, 협업을 통해 얻은 산출물도 있다.

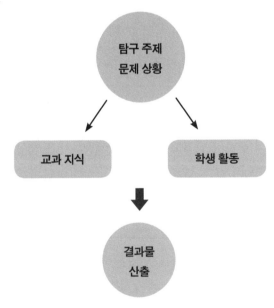

| 프로젝트 수업 네 요소
프로젝트 수업은 학습한 내용을 바탕으로 더 나은 사회를 만들기 위한 실천, 즉 배움을 삶으로 연결시키 데 좋은 방법이다.

프로젝트 수업의 단계별 질문 방법

프로젝트 수업에서 질문은 문제를 발견하고 해결하는 과정에서 길잡이 역할을 한다. 서울대학교 교육학과 조용환 교수는 《교육다운 교육》에서 PBL에 대해 "학생들의 관심과 문제를 질문 형태로 구체화하고 그 답을 찾아가도록 안내하는 연구 형태의 수업"이라고 정의한다.

또한 경인교육대학교 정혜승 교수는 〈핵심 질문으로 여는 프로젝트 수업〉 강연에서 프로젝트의 핵심은 해결해야 할 주제나 문제이며, 문제를 해결하기 위해서 문제를 정확하게 정의하고, 명확

| 프로젝트 수업 단계별 질문 |

단계	내용	질문
도입	• 학습 동기 생성하기 • 주제(문제) 확인하기	• 무엇을 알고 싶은가? • 무엇이 문제인가? • 주제 선택 때 고려해야 할 요소는 무엇인가? • 무엇을 해결하고 싶은가? • 주제에 대해 내가 알고 있는 것은 무엇인가? • 결과물은 어떻게 산출할 것인가? • 얼마나 많은 시간이 필요한가?
전개	• 탐구 및 문제 해결하기 • 결과물 만들기 • 결과물 발표 및 공유하기	• 어떻게 해결할 것인가? • 어떤 어려움이 예상되는가? • 역할은 어떻게 나눌 것인가? • 어떻게 발표할 것인가?
정리	• 탐구 과정 성찰하기 • 결과 성찰하기	• 해결 방안은 적절한가? • 내가 알게 된 것은 무엇인가? • 더 알고 싶은 것은 무엇인가? • 해결책은 어떻게 공유하고 홍보할 것인가?

하게 규명하는 것이 중요하다고 주장한다. 이 과정에서 질문이 핵심적 역할을 하며, 질문은 "문제를 해결이 가능한 형태로 명시적으로 언어화한 것이다."라고 정의하였다. 프로젝트 수업의 단계별 질문은 165쪽의 표와 같이 정리할 수 있다.

프로젝트 수업, 어떻게 설계할 것인가?

프로젝트 수업은 학습자의 자발적 참여를 강조하지만, 어떻게 설계하느냐에 따라 배움의 질이 좌우되므로 교사의 역할도 중요하다. 잘 설계된 프로젝트 수업은 학생들이 스스로 탐구하여 문제를 해결하는 경험을 통해 배움의 세계로 안내하는 지도와 같다.

    프로젝트 수업 설계와 운영이 잘 되었는지를 점검하기 위해 미국의 벅 교육협회(BIE : Buck Institute for Education)에서는 오른쪽 표(167쪽 참조)와 같이 8가지 질문 형태로 프로젝트 수업 설계의 필수 요소를 제시한다. 다만 이상적인 기준이라 모두 충족하기는 어렵지만, 수업을 점검하는 도구로서는 유용하다. 자료는 티처빌 원격연수원에서 운영하는 〈프로젝트 수업, 어디까지 해봤니?〉에서 가져왔다. 그러면 이러한 필수 요소들을 염두에 두고 설계한 프로젝트 수업을 어떻게 전개할 것인지 살펴보자. 여기에서는 주제 제시, 탐구 활동, 결과물 발표와 질문 만들기, 평가의 4단계로 전개한 수업을 소개한다.

| 프로젝트 수업 설계의 필수 요소 |

이 프로젝트가 다음 조건을 만족시키는가?	YES	NO
1. 핵심 지식, 역량 성취 기준에 근거한 핵심 지식과 비판적 사고력, 문제 해결력, 협업 능력, 자기 관리 능력과 같은 역량을 기르는 데 중점을 두고 있는가?		
2. 도전적 문제 또는 질문 해결할 만한 가치가 있는 문제나 질문에 바탕을 두고 있으며 학생 수준에 적절한 문제나 질문으로 시작하는가?		
3. 지속적 탐구 다양한 자원을 활용하여 탐구하고 자신만의 답을 만들어 나갈 수 있도록 지속해서 학생들을 자극하는 프로젝트인가?		
4. 실제성 실생활 맥락을 가지고 실제적인 과정과 도구를 사용하며 실제적인 영향, 학생 고민, 관심, 정체성과 연관이 있는가?		
5. 학생 의사와 선택 학생들이 결과물 제작, 프로젝트 진행 방법, 시간 사용에 대해 선택할 수 있도록 해 주며 필요한 경우 교사의 적절한 지도가 있는가?		
6. 성찰 학생들에게 자신이 무엇을 어떻게 학습하는지와 프로젝트 설계와 적용에 대해 성찰할 기회를 제공하는가?		
7. 비평과 개선 학생들이 자신의 프로젝트에 대해 피드백을 주고받을 수 있는 과정을 제공하고 아이디어나 프로젝트를 개선하거나, 추가적인 탐구를 이어 나갈 수 있도록 하는가?		
8. 공개할 결과물 학생들이 만든 결과물이 청중들에게 공개되거나 제공되는가?		

■1단계: 주제나 문제 제시

프로젝트 수업에서 교사가 주제를 제시하기도 하지만, 교사가 대주제를 제시하면 학생이 소주제를 정하는 경우도 있다. 예를 들어 교사가 〈환경문제 해결〉을 대주제로 제시했다면 학생들은 대기 오염, 토양 오염, 수질 오염 등으로 소주제를 선택해서 정할 수 있다. 이처럼 프로젝트 수업은 주제와 탐구 과정에서 학생의 선택권을 보장하는 것이 자기주도 학습에 도움을 준다. 학생들은 주제에 대한 핵심 질문과 질문 목록을 만드는데, 이것은 매우 중요하다. 좋은 질문은 문제 해결의 밑거름이 되기 때문이다. 주제 선정을 위해 고려할 사항은 다음과 같다.

- 학습 목표와 성취기준이 반영되었는가?
- 주제 선정 과정에서 학생 참여가 있는가?
- 학생들이 흥미를 갖는 주제인가?
- 학생 상호 간에 협업이 필요한가?
- 실생활과 연결되는 주제인가?
- 학생의 도전과 심화 탐구를 끌어낼 수 있는가?

■2단계: 탐구 활동

학생들이 주제를 탐구하거나 문제를 해결하는 과정이다. 개인적으로 탐구한 후, 모둠별로 모여 각자 탐구 내용을 발표하면서 모으는 방법이 있고, 아예 처음부터 모둠에서 탐구 활동을 할 수도

있다. 필자는 전자를 선호한다. 왜냐하면 각자의 탐구 활동을 보
장해야 무임승차를 방지할 수 있고, 과목별 세부능력 및 특기사항
에도 개인별 활동을 적을 수 있기 때문이다. 필자는 주로 개인 활
동은 보고서로, 모둠 활동은 인포그래픽 형태로 결과물을 만들도
록 한다. 어쨌든 탐구 활동은 학생 간 협력과 공동작업을 포함한
다. 교사는 구성원들이 적절하게 역할을 분담하고, 각자의 역할을
할 수 있게 지도한다. 기본적인 지식에 대해서는 교사의 강의가
필요하다. 과목에 따라 뮤지컬, 연극, 실험 등의 활동을 포함한다.

■ 3단계: 결과물 발표와 질문 만들기

학생들은 최종 결과물을 통해 성취감을 얻는다. 결과물의 표현과
발표 방식도 학생들이 직접 선택하도록 설계하는 것이 바람직하
다. 결과물은 모둠별로 발표한다. 이때 발표자도 중요하지만, 듣
는 학생의 태도도 중요하다. 집중해서 생각하면서 듣게 하려면 가
장 좋은 방법은 발표 때마다 질문을 만들게 하는 것이다. 이후 그
질문으로 짝과 모둠에서 토론 활동을 이어가면 훨씬 의미 있는 프
로젝트 수업이 된다.

■ 4단계: 평가

수업의 모든 과정이 평가 대상이다. 개인 평가와 모둠 평가를 병
행하는 것이 바람직하다. 그렇게 하기 위해서는 2단계 탐구 활동
에서 개인 결과물과 모둠 결과물을 각각 만들게 하면 좋다. 즉 개

인 결과물을 취합하는 형태의 모둠 결과물을 만들게 하는 것이다. 또한 성찰 일지를 통해 자기 평가와 동료 평가를 하고, 교사는 전반적인 평가를 한다. 평가 과정의 고려 사항은 다음과 같다.

- 학습 목표에 도달했는가?
- 수업 시간에 배운 지식을 적절히 활용했는가?
- 인터넷 등을 통해 찾은 정보는 적절한가?
- 역할 분담과 적절한 협력 활동이 이루어졌는가?
- 결과물의 내용과 형식은 적절한가?
- 발표는 학생들이 잘 이해하도록 전달되었는가?

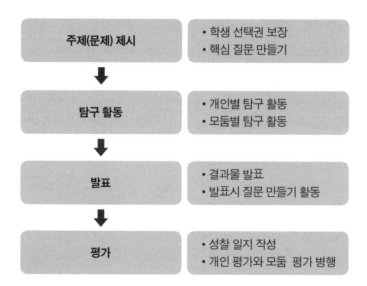

▍ 프로젝트 수업 전개 방법
주제 제시, 탐구 활동, 발표, 평가의 4단계로 프로젝트 수업을 진행하였다.

'우리 사회의 불공정·불평등' 프로젝트 수업 사례

고등학교 1학년 통합사회 수업에서 「사회 정의와 불평등」 단원에서 '우리 사회의 불공정·불평등 사례와 해결 방안'을 탐구하는 프로젝트 수업을 했다(차시별 활동 내용은 아래 표 참조).

| 차시별 프로젝트 수업 활동 내용 |

차시	활동 내용	
1차시	• 개인별 주제 선정	• 개인 보고서 만들기
2차시	• 개인 보고서 모둠에서 발표하기 • 모둠 주제 정하기	• 모둠 주제망 그리기
3차시	• 발표 자료 만들기 • 원인, 개인적 해결 방안, 사회적 해결 방안	
4차시	• 모둠별 발표하기 • 발표 들으면서 질문 적고, 하브루타	• 성찰일지 적기

■ 1차시: 개인별 주제 선정 및 개인 보고서 만들기

주제는 가능한 자신의 진로 관련 내용을 정하게 한다. 예를 들면 의료계열을 희망하면 지역별 의료 불평등, 소득별 의료 불평등을, 교육계열이면 교육 불평등, 사회계열이면 경제적 불평등을 주제로 정하는 것이 바람직하다. 자신의 진로 분야에서의 불평등 사례

통합사회 <프로젝트 수업> 탐구 보고서

ㅇ 주제 : 우리 사회의 불공정, 불평등 사례와 해결 방안

4반 / 번 이름 :

사례 (실태)	<코로나19 이후 학습 격차 심화 문제> 학습격차 해소는 교육계를 넘어 국가적 과제로 대두되고 있다. '학습격차 심화'가 '교육양극화'로 이어지는 불평등 구조를 개선하지 않으면, 교육의 발전과 미래를 담보할 수 없다.
원인	① 코로나 19 이후 원격수업과 등교수업 공백의 장기화 → 전문가들은 코로나 19에 의한 학습격차가 교육 불평등과 교육양극화의 심화를 가속화 시킨다고 우려한다. 또한 코로나 바이러스가 언제 종식될지 모르기 때문에 더욱 문제가 된다. ② 디지털 부유층과 빈곤층, 사회·경제적 부유층과 취약계층 학습 간극 확대 → SNS 밖에서 분노 결과 온라인 수업 환경에서 보듯 소득, 맞벌·다문화가정 여부, 사교육 여부 등 학생의 사회·환경적 요인이 교육 격차 발생의 주원인으로 나타났다.
해결 방안 개인 · 제도	① 자기주도적 학습능력 향상 (개인) → 교육부와 한국교육학술정보원이 원격교육 실태를 조사한 결과 약 79%가 "코로나19로 학습격차가 커졌다."고 응답한 가운데, 학생의 자기주도적 학습능력 차이를 1순위 원인으로 꼽았다. ② 다양한 기초학력프로그램 마련 (제도) → 올해 전국 시·도 교육청별로 '이음 프로젝트'나 '아침생 빈곤감소제' 같은 기초학력향상프로그램이 많았다. 시·도교육청별 사례를 국가적 차원에서 재정비하는 것이 중요하다. ③ 취약계층을 위한 쿠폰 제공 방안 마련 → 취약계층이 자기집의 TV나, 교육프로그램을 이용할 수 있는 '바우처'(정부가 수혜자에게 지급하는 쿠폰) 제도 방안을 검토할 필요가 있다.

개인 보고서 작성 예시

"우리 사회의 불공정, 불평등 사례 해결 방안"을 주제로 작성한 어느 학생의 탐구 보고서 예시이다.

를 탐구하는 과정에서 의미 있는 진로 성찰을 할 수 있다. 또한 과목별 세부능력 및 특기사항에 참고할 만한 자료로도 유용하다. 개인 보고서에는 주제, 실태, 원인, 해결 방안(개인과 제도로 구분)을 적는다. 교과서에서 배운 내용을 바탕으로 스마트폰을 활용해 필요한 자료를 검색할 수 있도록 한다.

| 모둠에서 개인 보고서 발표하기

개인별 탐구 활동을 진행한 후에 이를 모둠에서 친구들과 나누는 모습이다.

■2차시: 모둠별로 개인 보고서 발표하기, 모둠 주제 정하기, 모둠 주제망 그리기

각자가 만든 개인 보고서 내용을 모둠에서 발표한다. 각자의 발표 내용을 경청하면서 모둠에서 한 개의 탐구 주제를 정한다. 그리고 그 주제로 브레인스토밍하면서 주제망을 그린다. 주제망은 핵심 키워드를 중심으로 관련 생각이나 아이디어, 단어들을 마인드맵 형식으로 자연스럽게 이어 나가는 것이다. 주제망 그리기를 생략하고 바로 발표물 만들기 활동으로 넘어갈 수도 있다.

■3차시: 모둠별로 결과물(발표 자료) 만들기

필자는 포스트잇 기능이 있는 전지와 매직펜, 사인펜을 준비하여

▌ 모둠 발표 자료 만들기

발표 자료는 대체로 인포그래픽이 적절하다. 텍스트 자료에 비해 정보 전달력이 높은 장점이 있다.

모둠별로 나누어 준다. 학생들은 책상 위나 바닥에 전지를 펼쳐놓고 발표 자료를 만든다. 다만 결과물의 표현 방법은 학생들이 직접 선택하도록 한다. 주로 정보를 시각화하여 표현하는 인포그래픽의 형태로 만드는 것을 볼 수 있다. 이와 같은 시각화된 자료는 단순히 텍스트로 발표 자료를 만드는 것보다 정보 전달력이 훨씬 크다. 또한 직접 만드는 과정에서 흥미도 배가된다.

결과물을 만들 때 학생들이 자료 꾸미기에 너무 많은 시간을 할애하지 않도록 주의를 준다. 제목 꾸미기에 공을 들여 겉보기는 화려한데, 막상 내용은 부실한 모둠도 있기 때문이다. 주제에 따라 한 차시로 부족하면 시간을 추가할 수도 있다.

| 결과물 발표하기

단순히 결과물을 기계적으로 보고 읽는 발표에 머물지 않도록 교사가 사전에 학생들에게 친구와 눈을 맞추는 발표가 되도록 하라고 당부한다.

■4차시: 결과물 발표, 질문 만들기, 성찰 일기 적기

결과물을 칠판에 부착하고, 모둠별로 발표한다. 이때 교사는 학생들에게 단순히 보고 읽는 발표가 아닌 친구와 눈을 맞추는 발표를 하라고 미리 말한다. 또한 이를 위해서 발표 준비 시간을 5분 내외로 준다. 한 명이 발표하거나, 네 명이 나누어서 발표하는 것은 모둠에서 자율적으로 선택한다. 결과물을 칠판에 붙이고 모둠 순서대로 발표할 수도 있지만, 5장에 소개된 **질문 갤러리 워크**를 활용하면 모든 학생이 설명하고, 질문하면서 참여도를 높일 수 있다.

발표할 때 나머지 학생들에게는 모둠별 발표 자료에 대해 각 한 개씩 질문을 만들게 한다. 발표에 집중하게 하는 효과가 있고, 대안이나 비판적 질문을 하는 경우가 많다. 모든 모둠의 발표가 끝나면 추가로 5분 정도의 시간을 주어 미처 만들지 못한 질문을 만들게 한다. 그러면 학생들이 앞에 나와서 발표 자료를 읽으면서 추가 질문을 만드는 모습을 보게 된다. 질문 활동지에 만든 질문 중에서 한 개의 질문을 골라 짝 토론, 모둠 토론으로 생각을 나누게 한다.

프로젝트 수업 탐구 질문지

<주제> 우리사회의 부정의, 불평등 사례와 원인, 해결방안 찾기

2반 　번　이름

1모둠	주제	여성과 남성의 임금 격차
	질문	여성과 남성의 임금 격차가 생기는 실질 적인 이유는?
2모둠	주제	장애인 입시 차별
	질문	대학에서 장애인 입시 차별해서 징계위원회에서 징계를 내릴때 징계의 정도는 어느정도로 해야 해결방안이 될수 있고 적절할까?
3모둠	주제	학종 불공정 사례
	질문	블라인드를 확대한다고 해도 평가할 때 이등이랑 학력내용이 나와 자신의 친인척인지 다 알 수 있는데 블라인드 확대가 해결방안이 될까?
4모둠	주제	입시 비리
	질문	특정대학에 대한 인식변화가 필요하다고 했는데 실제로 대기업같은 곳은 특정대학 위주로 뽑는데 해결방안이 맞을까?
5모둠	주제	의료시설 공간 불평등
	질문	인구가 적은 (비교적) 촌락의 병원수가 적은 것은 당연한게 아닌가?

| 프로젝트 수업 탐구 질문지 예시

모둠 발표 때 질문을 만들게 하면 발표에 집중하게 하는 효과가 있다.

성찰 일기에는 다음과 같은 내용을 통해 수업에서 자신의 태도와 배우고 느낀 점 등을 쓰게 한다.

- 나의 주제와 우리 모둠의 주제는?

- 모둠에서 나의 역할은?

- 칭찬할 모둠원과 그 이유는?

- 프로젝트 수업을 통해 배우고 느낀 점은?

- 더 알고 싶은 것은?

- 아쉬운 점은?

의의 및 유의사항

프로젝트 수업은 학생들이 자기 주도적으로 탐구하고 문제를 해결하는 수업이다. 따라서 교사는 학생들에게 정답이 아닌 문제를 제시하고, 질문을 통하여 스스로 해답을 찾고, 문제를 해결하도록 도와주어야 한다. 프로젝트 수업의 결과물은 정해진 정답이 없다. 아이들이 자율적인 분위기에서 자유롭게 탐구하고, 협동하여 문제를 해결하도록 격려하는 것이 중요하다. 이 과정에서 질문은 수업을 이끄는 중요한 역할을 한다(프로젝트 수업의 단계별 질문은 165쪽 표 참조).

07

독서 수업

독서와 질문의 만남,
배움에 날개를 달다

개요

성공하는 사람 대부분은 독서 습관을 갖고 있다. 마이크로소프트의 빌
게이츠 또한 독서광으로 알려져 있다. 그는 다음과 같이 말했다.

> "오늘날의 나를 있게 한 것은 우리 동네 도서관이었다. 하버드대학 졸
> 업장보다 더 소중한 것이 독서하는 습관이다."

필자가 31년간의 교사 생활을 하면서 겪은 0.1%의 공신들도 대부분
독서에 진심인 학생들이었다. 어려운 가정 형편으로 인해 초중고 12
년 동안 단 한 번의 과외나 학원에 다니지 않고, 내신 1.1 등급을 받고
서울대에 입학했던 황보현 군은 자신의 자기주도학습법을 담은 《서울
대생의 학습 코칭》을 출간했다. 그는 고등학교 3년 동안 도서관 봉사

활동을 하면서 50권이 넘는 독서 활동을 생활기록부에 남겼다. 특히, 고 3 윤리 수업에서 「롤스의 정의론」 단원에서 《롤스의 정의론》 책을 읽고 생활기록부 독서 활동에 기록하였다. 이후 '롤스와 하이에크의 정책 비교'라는 탐구 보고서를 작성했으며, 서울대 자기소개서 4번 독서 활동에 관련 내용을 기록했다. 이는 사회학과라는 진로를 정하는 데에도 영향을 미쳤다.[6]

독서에 진심인 또 다른 학생 사례를 소개하면, 2017학년도 수능 만점자인 이영래 군이다. 그도 고등학교 동안 150권의 책을 읽었다고 해서 화제가 되었다. 이영래 군은 매거진 〈행복 교육도시 울산〉과의 인터뷰에서 이렇게 밝혔다.

> "확실히 독서를 많이 한 친구들이 수능 당일 점수가 높은 것 같습니다. 소설 속 인물들의 관계나 그들의 숨겨진 내면 정서를 파악하면서 유추 능력을 키우고, 비문학 책을 읽으면서 배경지식을 쌓으니. 이해력이 빠르고 속독이 가능해져 문제 푸는 데 도움이 됩니다."

독서는 어휘력과 배경지식을 높여주기 때문에 학습 능력 향상에 도움을 준다. 나아가 집중력과 스트레스 해소에도 도움을 준다. 이영래 군 또한 공부하다 지칠 때는 소설을 읽으며 스트레스를 풀었다고 한다. 그리고 경제학과라는 진로 결정 과정에서도 《시장은 정의로운가》(이정전 저)와 같은 책의 영향이 컸다고 밝혔다.

....
6. 황보현 학생이 필자의 수업에서 한 활동은 《얘들아! 하브루타로 수업하자》에도 소개되어 있다.

독서량보다 중요한 독서의 질

책을 통해 배우려면 제대로 된 독서법이 필요하다. 김규미 작가가 쓴 《사서쌤! 저는 100권이나 읽었어요》에는 이런 대화가 나온다.

> 학생: 선생님 저 독서 논술하면서 1학기에 책을 100권이나 읽었어요! 이젠 만화책도 보기 싫어요! 책은 더 안 읽어도 괜찮아요.
>
> 교사: 와~ 한 학기에 100권이나? 대단한데? 그럼 100권의 책을 읽기 전의 너와 읽고 난 지금의 너는 뭐가 달라졌어? 백 권이나 읽었으면 뭔가 엄청난 변화가 있었겠는걸![7]

학생은 순간 멍한 표정이 되었다고 한다. 독서에서 중요한 것은 얼마나 많은 책을 읽었느냐가 아니다. 어떻게 읽었으며, 책을 통해 무엇을 얻었는가에 있다. 아무리 많은 책을 읽어도 생각하고 곱씹어 읽지 않으면, 의미 없는 독서 노동이 된다.

성적이나 입시만을 위한 독서는 진정한 책 읽기의 즐거움을 앗아가서 독서 습관에 도움이 되지 않을 가능성이 크다. 오히려 즐기면서 한 독서는 저절로 공부에 대한 흥미를 높인다. 책을 읽으면서 다양한 간접 경험을 하게 되고, 이는 호기심을 자극해서 자기주도적 탐구로 이어지기 때문이다. 이를 위한 가장 좋은 독서

----

7. 김규미, 《사서쌤! 저는 100권이나 읽었어요》, 푸른영토, 2024, 241쪽

방법은 질문거리를 생각하며 읽는 것이다. 질문을 통해 저자와 끊임없이 대화할 수 있으며, 질문을 통한 상상과 유추는 텍스트를 뛰어넘는 배움을 얻게 하기 때문이다.

질문 중심 독서토론 수업 전개 방법

책을 읽으면서 질문을 만들고, 그 질문으로 토론하면 집중력과 사고력을 높이는 독서가 된다. 어떤 내용으로 토론할까? 주인공은 왜 저렇게 행동했을까? 나라면 어떻게 했을까? 저자는 어떤 의도로 이렇게 썼을까? 등을 생각하면서 읽기 때문이다.

토론 과정에서 생각을 말로 표현하면서 독서 내용이 장기기억으로 넘어가고, 생각이 정리되는 효과가 있다. 독서는 입력 활동이지만, 토론은 인출 활동이기 때문이다. 무엇보다 독서 토론은 다른 사람과의 사회적 활동이다. 따라서 독서 행위에 책임감이 따르며, 이는 꾸준한 독서 활동을 이끄는 원동력이 된다.

이처럼 질문 독서 토론은 질문을 만들기 위해 생각하면서 읽고, 비판적으로 읽게 된다. 또한 토론하면서 의사소통 능력이 키워진다. 국어 수업에서는 한 학기 한 권 읽기 활동과 병행하면 효과적이다. 필자는 고 1 통합사회 「사회 정의와 불평등」 단원과 관련하여 수업에서 《10대를 위한 JUSTICE 정의란 무엇인가》를 읽고 다음 목차를 활용하여 수업했다.

- 트롤리 딜레마에서 누구를 살려야 할까요?

- 한 생명의 값은 얼마일까요?

- 부자에게 더 많은 세금은 정당한가요?

- 원래 삶은 불공평한 것인가요?

- 백인이라서 불합격이라고요?

- 정치에 참여하지 않고도 좋은 사람이 될 수 있나요?

- 조상들의 잘못에 '미안해요'라고 말해야 할까요?

수업 교재로 활용한 《10대를 위한 JUSTICE 정의란 무엇인가》는 그림이 많고 수업 시간에 읽기 적당한 분량이다. 또한 사회 정의와 불공정에 대한 다양한 사례를 제시한 후 관련 학자들의 사상을 이론적 근거로 제시하므로 매우 유용하다.[8]

🖐 활동 방법

질문 중심 독서토론 수업 방법을 요약하면 다음과 같다.

1. **모둠 주제 제시:** 교사가 모둠별로 책에서 한 챕터씩을 주제로 정해서 제시한다. 학생들이 선택할 수도 있지만 정해진 시간에 다양한 내용을 다루기 위해 교사가 선정했다.

....
8. 책은 도서관 사서 교사와 협조해서 수업용으로 30권을 주문했다.

2. **개인별 읽으면서 질문 만들기**: 정해진 챕터를 읽고 질문을 세 개 만든다. 한 챕터를 읽는데 15분이 채 걸리지 않는다. 하지만 질문 3개를 만들어야 하므로 학생들은 집중해서 읽고, 여러 번 읽기도 한다.

3. **모둠에서 질문 나누기**: 각자 만든 질문 중에서 최고의 질문을 선정해 모둠에서 발표한다. 질문을 만든 이유를 말하고, 모둠에서 돌아가며 질문에 대한 생각을 나눈다.

4. **모둠 대표 질문 정하기**: 모둠 대표 질문을 정해서 칠판에 적는다.

5. **모둠별 발표하기**: 모둠 대표 질문을 만든 학생이 나와서 판서한 질문을 소개하고, 모둠에서 나눈 대화를 발표한다.

6. **토론 질문 정하기**: 모둠 대표 질문 중에서 다수결로 토론 질문을 정한다. 그 질문으로 토론 활동을 한다. 모둠에서 2:2 토론을 하면 모든 학생이 참여하는 토론 수업을 할 수 있다.

7. **개인별 글쓰기**: 토론 후 최종 글쓰기를 한다.

의의 및 유의사항

처음부터 학생들에게 주제만 제시하고 글을 쓰게 하면 대부분 주저하며 어려워한다. 하지만 질문을 만들기 위해서 생각하고, 질문으로 친구들과 함께 토론하는 과정에서 글감이 저절로 생긴다. 이 활동을 통해 학생들은 사회 정의와 불평등 관련 다양한 사례를 알 수 있으며, 질문을 만들고 생각을 나눈 후, 글쓰기를 통해 삶과 연결하고 내면화하게 된다.

독서 보고서 쓰기 수업 사례

이번에 소개할 것은 수업 시간에 각자 책을 읽고 독서 보고서를 작성하게 한 후, 과정 중심 평가에 반영한 수업 사례이다. 이 수업은 2차시에 걸쳐 이루어졌는데, 학생들이 각자 읽을 책을 고를 수 있도록 도서관에 데리고 가서 진행했다.

👆 활동 방법

1. 수업에서 배운 주제와 관련한 책을 자유롭게 선택하게 한다. 고등학교 《통합사회》나 《생활 윤리》 교과에서는 삶에 영향을 미치는 다양한 주제가 있다.

2. 도서관에서 직접 책을 읽으면서 독서 보고서를 작성한다. 관련 단원과 이유, 책 선정 이유, 질문 3가지와 생각 적기, 친구에게 책 소개하기, 배우고 느낀 점을 차례로 쓴다.

3. 교사는 이를 과정 중심 평가에 반영하고, 과목별 세부능력 및 특기사항에 활용한다.

👆 의의 및 유의사항

책을 다 읽기에는, 두 시간으로 시간이 부족할 수 있기 때문에 내용 일부만 읽게 될 수도 있다. 학생들에게 가능하면 수업 후에도 도서관에서 대출해서 계속 읽는 것을 권장하는 것이 좋다.

(	)독서 보고서		
학 번	학년 반 번 이름 :		
책 명	저자 :		
관련 단원과 이유	교과 관련 단원과 그 이유를 적게 함으로 독서와 윤리 교과의 연계에 대해 생각하게 한다.		
책 선정 이유			
질문 1	책을 읽으면서 질문을 만들게 하고, 그에 대한 자신의 생각을 간단히 적게 한다.		
질문 2			
질문 3			
친구에게 책 소개하기	줄거리 요약, 교훈 등을 적게 한다.		
배우고 느낀 점	자신의 흥미나 진로와 연계하여 적도록 지도한다. 교사는 이를 활용하여 교과 세부능력 및 특기사항에 기재할 수 있다.		

학교 밖 질문 독서 토론 활동 사례

이번에 소개하는 사례는 학생들을 대상으로 했던 수업 사례는 아니다. 필자는 학교 밖에서도 월 1회 독서 토론 모임 이끎이로 활동하고 있는데, 주로 질문 독서 토론 방법으로 운영하고 있다. 참가자는 대부분 직장인, 주부이며, 장학사와 교사도 있다. 다만 학생들에게도 얼마든지 적용할 수 있으므로 소개한다. 질문 독서 토론 활동 방법을 요약하면 다음과 같다.

🖐 활동 방법

1. 저마다 책을 읽은 느낌, 와닿는 문장 등을 나눈다.
2. 자신이 만든 질문으로 하브루타 토론을 한다. 짝을 정해 15분 정도의 시간 동안 질문으로 생각을 나눈다. 먼저 한 사람이 자신의 질문을 소개하고, 질문을 만든 이유와 생각을 말한다. 반대편 사람은 경청한 후 짝의 질문에 대한 생각을 말한다. 그리고 자기 질문을 소개하고, 생각을 말하는 식으로 질문을 주고받는다. 각자 한 개의 질문으로 계속 토론하는 때도 있고, 시간이 남으면 다음 질문으로 넘어간다.
3. 책이 주는 교훈이나 메시지를 짧게 말한다.

다음은 리처드 바크의 《갈매기의 꿈》을 읽고 독서 토론에서 나왔던 질문들을 옮겨온 것이다.

- 나에게 자유는 무엇인가?

- 살면서 완벽이란 무엇인가?

- 조나단이 알고 싶은 것처럼 내가 알고 싶은 것은 무엇일까?

- 먹고 사는 것과 꿈을 찾는 것 중에 무엇이 더 중요할까?

- 내가 살면서 조나단처럼 열정적으로 노력한 것은 무엇일까?

- 내 아이가 조나단처럼 행동하면 나는 지지할 수 있을까?

- 어떻게 하면 조나단처럼 꿈이 생길까?

- 언제까지 꿈을 꾸며 살 수 있을까?

- 높이 날기를 두려워하는 이유가 있다면?

- 높이 날고 멀리 보아야만 자유로운가?

- 나의 내면에 사는 진짜 조나단은 잘 지내고 있는가?

- 중년의 나에게 높이 날아오른다는 의미는 무엇일까?

- 가장 높이 날고 싶었을 때는 언제였나?

- 포기하지 않고 끝까지 도전한 경험은?

- 내가 느끼고 싶은 자유는?

- 작가의 메시지는 무엇인가?

🖐 의의 및 유의사항

하브루타를 마치면, 각자 책에서 얻은 메시지를 돌아가면서 말하는 시간을 가져보면 좋다. 사례에서는 마지막 활동으로 '나에게 비행은 무엇인가?'라는 질문으로 각자 발표 후 서로 응원했다.

질문 독서 토론 장점

첫째, **생각하면서 읽는다.** 그냥 읽는 것에 비해 질문을 만들기 위해 읽는 것은 훨씬 집중력을 요구한다. 그리고 끊임없이 왜? 만약에? 나라면? 등의 질문을 하면서 깊이 생각하는 독서를 하게 된다. 이를 통해 훨씬 많이 배울 수 있다.

둘째, **사람에게 배운다.** 독서 토론을 통해 생각을 나누면서 배운다. 책에서 배우고, 사람에게서 배운다. 미처 생각하지 못했던 상대의 질문을 듣고 자기 생각을 정리해서 토론한다. 이 과정에서 텍스트 내용을 넘어 훨씬 많은 것을 배우게 된다.

셋째, **미래 역량을 키운다.** 독서를 통한 정보 취득의 효과를 넘어서 토론하고 생각을 나누는 가운데 비판력, 창의력, 의사소통 역량을 발휘한다.

넷째, **다양한 책을 읽을 수 있다.** 책은 이끔이가 정할 수도, 서로 돌아가며 정할 수도 있다. 관심 분야 외에 관심의 폭을 넓힐 수 있다. 게다가 혼자 완독하기 어려운 두꺼운 책이나 인문학 고전도 읽게 된다.

다섯째, **의무적으로 꾸준히 읽게 된다.** 적당한 구속력이 필요할 때가 있다. 독서 모임을 하게 되면 의무감과 책임감으로 꾸준히 읽게 된다.

참고로 질문배움연구소 김혜경 소장의 《하브루타 질문 독서법》에 나오는 독서 토론 절차를 간략히 소개하면 다음과 같다.

👆 활동 방법

1. **느낌 나누기**: 표지나 제목 등을 처음 보았을 때 느낌과 읽은 후의 전체적인 느낌을 한마디씩 나눈다.

2. **문장 나누기**: 마음에 드는 문장을 옮겨 쓰고, 그 이유를 말한다.

3. **삶과 연결하기**: 책의 내용과 비슷한 경험 혹은 가족, 친구, 사회 현상, 다른 책과 연결 짓는다.

4. **질문과 생각 나누기**: 책을 읽으면서 궁금했던 나만의 질문 3가지를 쓰고, 생각을 나눈다.

5. **메시지**: 독서와 하브루타를 통해 느낀 점, 깨달은 점, 실천할 점을 말한다.

6. **소감 나누기**: 하브루타 독서 토론 후의 소감 한마디씩을 나눈다.

수업에서 바로 써먹는
좋은 질문 만들기

교수를 가르치는 교수로 알려진 조벽 교수는 질문 수업의 종류를 네 가지로 분류한다.

- 교사가 질문하고, 교사가 답하는 최하급 수업
- 교사가 질문하고, 학생이 답하면 조금 발전된 수업
- 학생이 질문하고, 교사가 답하는 바람직한 수업
- 학생이 질문하고, 학생이 답하도록 하는 최상급 수업

막상 우리 교실에서는 교사가 질문하고, 교사가 답하는 최하급 수업을 하는 경우가 많다. 학생이 틀릴까 봐 부끄러워서 대답하지 않을 때도 있지만, 교사가 학생들의 대답을 기다려 주지 않는 경우도 많다. 핵심은 학생이 질문해야 한다는 것이다. 강의식이나, 정답 위주의 문제 풀이 수업에서는 학생이 질문에 대한 답을 말해야 할 뿐, 질문하기 어렵다. 이번 장에서는 실제 수업 사례와 함께 교과의 구분 없이 바로 활용해 볼 수 있는 다양하고 쓸모 있는 질문 방법을 구체적으로 안내한다.

5장

질문의
기술

좋은 질문이란 구체적이고 본질적인 질문, 머릿속을 정리해 주는 질문, 현재와 과거를
연결해 주는 질문이다.

- 사이토 다카시,《질문의 힘》중에서

학습 목표로 질문 만들기

뇌를 깨우는 최고의 동기유발 활동

개요

학습 목표는 학습 주제의 핵심적인 단어와 학습자가 수업에서 달성해야 할 인지 수준과 행동의 결과를 포함한다. 수업에서 자신이 꼭 알아야 할 개념과 목표를 명확히 아는 것은 수업 전반에서 학생이 올바른 태도를 유지하게 한다. 인지심리학자 김미현은 《14세까지 공부하는 뇌를 만들어라》에서 공부를 시작하기 전에 학습 목표를 읽는 것은 '뇌에 준비를 시키는 것'이라고 말했다.

> "학습 목표를 읽어서 도달할 목적지가 어딘지 미리 알려주면, 뇌는 효과적으로 그곳에 가는 전략을 세운다. 그리고 알고 있는 관련 지식을

....
1. 김미현,《14세까지 공부하는 뇌를 만들어라》, 메디치미디어, 2017, 190쪽

모두 깨워서 앞으로 공부할 내용을 이해하는 데 도움이 될 수 있도록 준비를 시킨다. 학습 목표를 읽는 데 쓰인 30초가 뇌를 깨우고 준비시켜서 학습 효율성을 크게 높일 수 있다.[1]

그런 의미에서 학습 목표로 질문 만들기는 가장 효과적인 동기유발 활동이다. 학생의 흥미를 유발하고, 적극적으로 수업에 참여하게 하기 때문이다.

학습 목표로 질문 만들기 사례

학습 목표로 질문을 만들기 위해서 학생들은 주제와 관련해서 자신이 알고 있는 모든 사전 지식을 동원해야 한다. 그리고 질문을 만드는 과정에서 교과서를 자세히 읽어보면서 수업의 전체 흐름을 이해하게 된다. 이 모든 과정에서 자연스럽게 학습 목표와 핵심 개념을 뇌에 각인시키는 효과가 있다.

고등학교 1학년 통합사회 「사회 정의와 불평등」 단원에서 학생들에게 다음과 같은 학습 목표를 제시하였다.

"정의의 의미와 실질적 기준을 설명할 수 있다."

이상의 학습 목표를 가지고 학생들이 수업 시간에 만든 질문을 소개하면 다음과 같다.

- 정의는 무엇인가?

- 정의의 기준은 무엇인가?

- 나는 정의로운 사람인가?

- 우리나라는 정의로운 국가인가?

- 나에게 정의의 기준은 무엇인가?

- 정의의 실질적 기준이란 무엇인가?

- 어떤 종류의 정의가 있는가?

- 정의의 핵심 요소는 무엇인가?

- 정의는 시대와 상황에 따라 변하는가?

- 정의의 기준은 상대적인가, 절대적인가?

- 정의의 기준은 누가, 어떻게 정하는가?

- 정의를 개인에게 강요하는 것이 옳은가?

- 정의가 강조된다는 것은 우리 사회가 정의롭지 않다는 의미인가?

- 정의의 기준은 사회적 합의와 통념에 따라 형성되는가?

- 정의는 우리 사고와 행동에 어떤 영향을 미치는가?

- 법적인 정의와 도덕적 정의의 공통점과 차이점은 무엇인가?

- 민주주의 사회에서 다수의 의견은 정의로운가?

- 정의를 위해 개인의 이익을 포기하는 것은 정당한가?

- 모든 사람에게 자원이 풍족한 사회라면 정의가 필요한가?

- 정의를 실현하려면 민주주의가 좋은가, 사회주의가 좋은가?

- 자신의 이익과 사회 정의가 충돌할 경우 무엇을 선택할 것인가?

👆 의의 및 유의사항

교사는 학생들이 학습 목표를 명확히 알게 한 후 수업을 진행해야 한다. 학습 목표는 내가 도달해야 할 지점과 지금 나의 위치를 명확히 알게 하는 기준이 되기 때문이다. 필자는 다음과 같은 방법으로 수업 시간에 학생들에게 학습 목표를 수시로 상기시킨다.

- 도입 단계: 학습 목표를 소리 내어 읽게 하거나, 질문 만들기 활동을 한다.
- 수업 중: 수시로 금방 학습한 내용이 학습 목표와 어떻게 관련 있는 지를 상기시킨다.
- 정리 단계: 마지막으로 학습 목표를 제시하며, 간단한 형성평가를 통해 학생 스스로 도달 여부를 확인하게 한다.

02

육하원칙으로 질문 만들기

질문으로
톺아보다

개요

육하원칙, 즉 5W1H는 주로 신문 기사 작성 때 사용하는 방법으로 내용 체계가 명확한 글을 쓸 수 있다. 수업에서는 텍스트를 제시한 후 육하원칙의 질문에 따라 답하게 하면 학생들은 쉽게 내용을 이해하는 데 도움을 준다. 또는 수업 시간에 다루는 역사적 사건이나 시사적 사건, 수업 내용으로 육하원칙 질문 수업을 할 수도 있다.

- Who: 누가, 누구와
- When: 언제
- Where: 어디서
- What: 무엇을
- How: 어떻게, 얼마나
- Why: 왜, 이유는, 원인은

육하원칙을 적용한 질문 수업 사례

고등학교 통합사회 행복 단원에서 자신이 가장 행복했던 순간을
떠올리면서 5W1H 활동을 하게 했다. 단, 수업에서 반드시 6가지
모두를 포함할 필요는 없으며, 적절하게 생략할 수도 있다.

자신이 행복했던 시간을 떠올리며 질문에 답하세요.

Who	누구와 있을 때 행복했는가?	나의 이야기를 들어주는 학교 친구들과 있을 때가 행복하고, 항상 내 편을 들어준 부모님과 있을 때도 행복하다.
When	언제 행복했는가?	2019년 가족들과 다함께 베트남으로 여행갔을 때가 제일 행복했다. 가족들과 베트남 시장과 거리를 걸어보고 현지 사람들도 다들 친절하여서 좋은 경험이 되었다.
Where	어디서 행복했는가?	베트남 호이안 시장에서 물건 구경을 하고 가족들과 식당에서 볶음밥을 먹을 때 행복했다.
What	무엇을 하면서 행복했는가?	내가 과일을 좋아하는데 과일 애플은 시장에서 사먹었시고, 쌀국수 데코레이션을 사는 때가 행복했다.
How	어떻게 했을때 행복했을까? or 어떻게 하면 행복할까?	베트남 여행 마지막 날 밤 호텔 뷔페에서 다 함께 고급요리를 식사하고 사진을 찍었을 때가 행복했다.
Why	왜 그 일이 행복했을까?	가족들과 처음으로 하는 해외여행이어서 시간이 지나도 계속 기억이 나고 행복하다.

5W1H 활동지 작성 예시

'자신이 행복했던 순간'을 5W1H로 질문하고 답했다. 다만 매번 6가지 모두를 포함
할 필요는 없고, 상황이나 주제에 맞게 적절하게 생략할 수 있다.

필자는 고등학교 통합사회 행복 단원 수업을 하면서 학생들이 교과서에 나온 사상가들의 행복론이나 행복의 조건에 대해 단순히 지식적 측면에서 공부하는 것이 아니라, 실제 행복했던 순간들을 떠올려 보게 하거나, 여러 질문을 통해 행복을 찾아가는 방식으로 운영했다. 행복 수업을 하면서 행복에 대한 이론적 내용만 다룬다면 학생들은 행복하지 않기 때문이다. 학기말에 그동안의 수업을 성찰하는 시간을 갖는데, 한 학생의 수업 후기를 소개하면 다음과 같다.

사실 고등학교에 처음 들어와서 적응한다고 많이 힘들었다. 주요 과목이나 강의식 수업을 들을 때마다 지루하고 어렵고 힘들었다. 행복을 주제로 하브루타로 수업하는 것이 당시 학교생활이 싫었던 나에게 유일하게 위로받는 시간이었다. 내 감정에 더 몰입되어서 그런지 몰라도 수업할 때마다 행복에 대해 더 심오하게 고민하는 계기가 되었다. 수업을 할수록 나는 행복한 사람이라는 것을 알게 되었다.

03

퀘스천스토밍

양적 질문으로
문제 해결 방안을 모색하다

개요

짐작하겠지만, 퀘스천스토밍(Questionstorming)은 브레인스토밍에서
따온 말이다. 브레인스토밍이 문제 해결을 위해 자유롭게 최대한 다양
한 아이디어를 내는 것처럼 퀘스천스토밍은 가능한 많은 질문을 하게
하는 것이다. 혁신 전문가인 워런 버거(Warren Berger)는 저서 《어떻
게 질문해야 할까》에서 퀘스천스토밍의 효과를 다음과 같이 밝히기도
했다.

"브레인스토밍은 아이디어 발상을 위해 많이 사용된다. 그러나 종종
압박감 때문에 혹은 주변의 억제 때문에 막히는 경우가 있다. 그런데
질문을 하면 이 부분이 적어진다. 질문은 아이디어보다 떠올리기 쉽
다는 장점도 있다. 대기업을 대상으로 퀘스천스토밍의 효과를 연구한
결과, 기존의 브레인스토밍보다 훨씬 효과적임을 발견했다."

퀘스천 스토밍 전개 방법

퀘스천스토밍의 핵심은 주제에 대해 최대한 많은 질문을 만들게 하는 것이다. 한두 개 정도의 질문은 대부분의 학생들이 쉽게 만들 수 있다. 하지만 10개 이상의 질문을 만드는 것은 생각보다 어려운 일이다. 때로는 질문을 만들기 위해 머리가 아플 정도로 생각을 쥐어 짜내어야 할 수도 있다. 이처럼 많은 질문을 만들기 위한 노력을 하는 가운데 학생들은 더 깊이 생각하게 되고, 그와 함께 주제에 대해서도 한층 깊이 있는 접근이 가능해진다. 또한 다양한 각도에서 비판적으로 바라보게 되고, 고정관념에서 벗어나 새로운 시각으로 볼 수 있다.

퀘스천스토밍은 배운 내용 전체에 대해 적용할 수도 있지만, 하나의 핵심 문장을 활용하는 것도 효과적이다. 핵심 문장으로 퀘스천스토밍을 어떻게 적용할 것인지 소개하면 다음과 같다.

활동 방법

1. 짧은 문장, 예컨대 사상가의 명언, 속담, 수업에서 가장 중요한 문장 등을 골라 학생들에게 제시한다.

2. 제시한 짧은 문장으로 10개 이상의 질문을 만들도록 한다.

3. 문장을 만들 때 단어 하나하나에 집중하게 되고, 문장에 육하원칙을 적용하도록 한다. 그 과정에서 문장에 다양한 유추와 상상력을 발휘하게 된다.

실제 수업에서 학생들이 퀘스천스토밍으로 만든 질문들을 소개한다. 본 수업에서는 학생들에게 소크라테스의 말을 제시하였다.

'너 자신을 알라.'

이 말에 대한 퀘스천스토밍으로 다음과 같은 질문들이 만들어졌다.

"나를 왜 알아야 하는가?"

"나를 안다는 것은 무슨 뜻인가?"

"나의 무엇을 알아야 하는가?"

"나를 알기 위해 어떻게 해야 하는가?""

"나는 나에 대해 잘 알고 있을까?"

"나는 누구일까?"

"나는 어떤 사람인가?"

"나는 좋은 사람일까?"

"나는 무엇을 좋아하는가?"

"나는 무엇을 위해 존재하는가?"

"나는 어떤 상황에서 저 말을 써야 할까?"

"내가 하고 싶은 것이 무엇인가?"

"나를 안다는 것은 무엇을 안다는 의미인가?"

"자신을 아는 과정은 혼자 개척해 나가는 것인가?"

"자신을 아는 사람과 모르는 사람의 차이는 무엇인가?"

"자신을 아는 것인지 모르는 것인지 어떻게 알 수 있는가?"

"자신을 잘 안다고 자신 있게 대답할 수 있는 사람은 얼마나 될까?"

"자신을 알지 못해 겪을 수 있는 손해는 무엇인가?"

"자신을 알면 무엇이 달라질까?"

"자신을 안 뒤 무엇을 해야 할까?"

"자신만 알고 상대방을 모르면 괜찮을까?"

"이 말은 왜 유명해지게 되었을까?"

"이 말의 철학적 의미는 무엇일까?"

"사람들은 왜 자신에 대해 잘 모를까?"

"소크라테스는 왜 이 말을 했을까?"

"소크라테스는 자신을 잘 알았을까?"

"소크라테스는 누구에게 이 말을 했을까?"

"소크라테스는 왜 명령조로 말했을까?"

"소크라테스는 자신을 알기 위해서 어떤 노력을 했을까?"

"소크라테스의 말을 들은 그 시대 사람들은 어떤 생각을 했을까?"

✋ 의의 및 유의사항

퀘스천스토밍에서 중요한 것은 질보다 **양**임을 기억한다. 다양한 질문을 만드는 동안 좋은 아이디어가 나올 가능성이 높기 때문이다. 기업에서도 퀘스천스토밍을 통해 문제의 해결방안을 모색하는 경우가 많다. 다음과 같은 사항에 유의한다.

- 학생들이 어떤 질문이든 자유롭게, 최대한 많이 하는 것이 포인트다.

- 아이디어의 질을 생각하지 않고 생각나는 대로 말하는 것이 규칙이다.

- 허용적인 분위기에서 자유롭고, 끊임없이 질문할 수 있게 한다. 그 래야 자신감도 생기고 적극적으로 수업에 참여하게 된다.

※ 도입 단계에서 실시하면 배울 내용에 호기심을 갖게 하고, 질문을 수업 내용과 연결하여 설명할 수 있다. 정리 단계에서 실시하면 더 알고 싶은 내용을 생각하게 되며, 배운 내용을 모두 활용하여 질문을 만들면서 저절로 복습이 된다.

그림책 질문 수업

그림책으로
내면을 들여다보다

이번에 소개할 것은 그림책 질문 수업[2]이다. 이 세상에 나를 들여다보게 해주는 물건이 두 가지 있는데, 하나는 거울이고 나머지 하나는 그림책이다. 그림책은 그림이 바탕을 이루기 때문에 조목조목 설명하거나 명명하기보다는 그저 이야기를 보여준다. 따라서 그림책을 읽는 독자는 '나'의 생각과 경험치 안에서 그림 안에 담긴 화두를 부단히 해석하는 과정을 거치며 도리어 '나'를 들여다보게 된다.

너는 어떠하다는 누구의 평가나, 내가 이러했으니, 너도 이렇게 변해보라는 조언은 거칠다. 소화가 쉽지 않다. 반면에 짤막한 그림책이 보여주는 이야기는 내가 소화할 수 있는 만큼만 해석되기에 부드럽게 스

2. 그림책 질문 수업 사례는 《사서쌤! 저는 100권이나 읽었어요》를 쓴 초등학교 사서 김규미 선생님이 집필했다.

며드는 특성이 있다. 여기에 질문이라는 양념을 곁들이면 깊은 사고를 끌어내는 데 금상첨화이다.

질문을 주고받다 보면 상대방과 다른 내 생각 속에서 '나'가 드러나게 된다. 다행스러운 점은 그림책이란 매체는 대체로 정답이 제시되어 있지 않으며, 사고의 결에 따라 다양한 해석이 가능하기에 '다름'이 절대 오답이나 비난으로 느껴지지 않는다는 것이다. 게다가 그림 화법은 문자언어의 그것보다 직관적이고 쉽다. 그러니 누군가의 고민과 관심사에 대해 부담없이 관찰하고 깨달음으로 나아가기 위한 도구로 그림책만 한 것이 없다. 혹시 아직도 그림책을 유아 전용 도서라고 단정 짓고 있다면 큰 오산이다.

그림책 질문 수업 전개 방법
- - - - - - - - - - - - - - - - -

2학기가 되자 가까워질 대로 가까워진 사춘기 학생들의 연애사와 스캔들로 초등학교 6학년 교실이 연일 들썩였다. 하루살이 같은 연애는 학생들의 감정을 수시로 뒤흔들었고, 담임선생님의 머리도 함께 흔들었다. 이제부터 도서관에서 진행한 '사랑' 수업 사례를 소개하려고 한다. 수업교재인 그림책(도서정보는 206쪽 표 참조)을 소개하자 화끈한 사랑 이야기를 기대했던 아이들은 실망한 기색이 역력했다. 하지만 2시간 동안 자신의 삶과 사랑에 대해 난생처음 진지하게 탐색한 아이들의 눈빛은 확연히 달라져 있었다.

인생에서 사랑이 뭐라고 생각하느냐, 연애란 자고로 이렇게 해야 한다는 등의 조언으로 대화를 시작하면 학생들은 입을 다물어 버리기 일쑤다. 그러나 그림책 수업은 교사가 특별히 지식을 주입하거나 가르칠 필요가 없다. 학생들이 그림을 보며 스스로 만든 질문에 서로 답하고 듣는 과정을 통해 생각의 줄기를 다듬어 내기 때문이다. 학생들의 관심사와 엮어줄 수 있는 적절한 그림책만 한 권 있으면 된다.

수업교재	100만 번 산 고양이
지은이/옮긴이	사노 요코 / 김난주(옮김)
출판사/출간년도	비룡소, 2016
교재 줄거리	100만 번이나 죽고 100만 번이나 살았던 멋진 얼룩 고양이가 주인공이다. 한때 고양이는 임금님, 마술사, 도둑 등의 고양이였지만 고양이는 그들을 모두 싫어했다. 백만 명의 사람이 그 고양이를 귀여워했고, 그 고양이가 죽었을 때 울었지만 고양이는 단 한 번도 울지 않았다. 그러다 처음으로 고양이는 자기만의 고양이가 되었다. 그 누구보다 자기 자신을 좋아하는 멋진 얼룩무늬 도둑고양이가 된 것이다. 그리고 자신보다 더 소중한 아름다운 고양이를 만나 사랑하는 가족을 이룬다. 도둑고양이는 사랑하는 고양이가 죽자 100만 번을 울다 죽었고, 다시 태어나지 않았다는 이야기의 그림책이다.
수업 대상	초등학교 6학년 한 학급 24명
수업 주제	사랑
수업 차시	총 2차시
수업 준비물	수업교재(그림책-짝별로 1권씩 12권), 필기도구, 포스트잇

■ 표지 살피기

표지의 정보만을 이용해서 아이들에게 어떤 내용일지 유추해 보도록 한다. 100만 번을 다시 사는 고양이의 삶은 어떠할지 상상해 보고 궁금한 점을 질문으로 만들어 보며 흥미를 유발한다.

- 고양이는 어떻게 100만 번이나 살았을까?
- 고양이의 털 색깔은 왜 죄수복 같을까?
- 고양이의 눈빛이 왜 이렇게 사나울까?
- 고양이는 얼마나 많은 경험을 했을까?
- 100만 번이나 살았던 것은 좋았을까?
- 이 고양이의 성격은 어떨까?

■ 그림책 읽기

선생님이 그림책을 천천히 읽어준다. 장면마다 포인트를 짚어줄 수 있는 질문을 함께 제시하면 주의를 집중시킬 수 있다. 학생들은 내용과 질문을 들으며 책을 한 장씩 함께 넘긴다. 책에 적힌 글자보다 그림과 질문에 집중하며 감상하도록 한다.

- 고양이는 왜 한 번도 울지 않았을까?
- 고양이는 왜 주인들을 그렇게 싫어했을까?
- 자기만의 고양이가 된다는 것은 어떤 것일까?
- 하얀 고양이는 어떤 고양이일까?

■ 생각하기

가장 인상 깊었던 장면, 가장 중요하다고 생각되는 문장, 가장 핵심 단어라고 생각되는 단어를 골라 적은 다음 짝에게 그 이유를 설명하도록 한다. 짝과 생각을 나누면서 떠오르는 질문을 정리해서 2~3개 적는다. 그리고 질문에 대한 답을 짝에게 설명한다. 이후 짝의 대답도 들어보면서 나의 질문을 수정하거나 추가할 수도 있다. 우리 팀의 베스트 질문을 선택해 포스트잇에 적도록 한다. 그림책《100만 번 산 고양이》질문 수업에서 나왔던 베스트 질문들을 소개하면 다음과 같다.

- 어떻게 하얀 고양이를 자기 자신보다 좋아할 수 있었을까?
- 고양이는 왜 하얀 고양이를 좋아하게 되었을까?
- 하얀 고양이는 얼룩 고양이를 사랑했을까?
- 하얀 고양이는 다시 태어났을까?
- 나는 누구에게 이런 사랑을 받고 있을까?
- 나는 누구를 이렇게 사랑할 수 있을까?
- 어떻게 하면 이런 고양이를 만날 수 있을까?
- 100만 번을 우는 얼룩 고양이의 마음은 어떨까?
- 사랑이 없다면 의미 없는 삶일까?
- 나는 나 자신을 사랑하는 걸까?
- 주인이 정해져 있는 삶은 불행하기만 할까?
- 나는 지금 내가 주인일까?

- 죽는다는 건 슬픈 것일까?

- 우리 집 고양이도 나를 싫어할까?

■ 생각 나누기

그림책을 매개로 친구와 생각을 나누면서 질문을 주고받다 보면 남과 다른 내 생각 속에서 진짜 나를 발견하기도 한다. 또한 그림 책의 성격상 다름은 오답이나 틀린 것으로 간주되지 않고 자유롭게 생각을 나눌 수 있다. 다음의 활동들로 생각을 나누는 시간을 가졌다.

- 포스트잇에 적은 베스트 질문을 칠판에 붙이고 선생님은 비슷한 질문이 있다면 유목화한다.
- 학생들은 다른 팀의 질문을 둘러보고, 붙어있는 12개의 질문 중에서 가장 중요한 질문이라고 생각되는 질문을 골라 활동지(210쪽 참조)에 베껴 적는다.
- 모둠별로 앉아서 각자 고른 질문을 발표(질문을 고른 이유와 답)하고 같은 질문을 선택한 친구가 있다면 대답을 들어 본다.
- 모둠 최종 질문을 선택해서 모둠장이 모둠에서 나눴던 생각을 발표한다.

■ 생각 갈무리

오늘 나눴던 이야기, 메모했던 글과 질문 등을 참고해서 오늘 새롭게 알게 된 점이나 느낀 점 등을 글로 작성해 본다.

그림책 질문 수업 활동지			
1 차 시	표지 살피기	궁금한 점	
	생각 하기	인상 깊었던 장면	
		중요한 문장	
		핵심 단어	
		내 질문	
		짝 질문	
		팀 베스트 질문	
2 차 시	생각 나누기	질문사냥	
		모둠 최종 질문	
	생각 갈무리	새롭게 알게 된 점 깨닫거나 느낀 점 실천하고 싶은 점	

05

DVDM 질문법

정의, 가치, 난관, 해법을 질문하다

개요

DVDM은 정의(Definition), 가치(Value), 난관(Difficulty), 해법(Method)의 영문 머릿자를 따온 것이다. 조직 개발 컨설턴트인 구기욱 대표가 수년간 퍼실리테이션을 수행한 경험을 바탕으로 개발한 질문법이다. 수업 주제에 대하여 다음의 네 가지 질문에 대해 스스로 생각하는 과정에서 개념을 구체화하고, 문제를 해결하는 질문법이다.

- 정의: ○○란 무엇인가?
- 가치: ○○이 왜 중요한가?
- 난관: ○○하기 어려운 이유는?
- 해법: 어떻게 해결할 것인가?

정의, 가치, 난관, 해법 각각의 질문 방법

정의, 가치, 난관, 해법 질문은 각각의 목적과 성격이 다르다. 질문하는 방법은 다음과 같다.

Definition ○○란 무엇인가? 개념을 명료화	Value ○○이 왜 중요(필요)한가? 개념 중요성 탐색
Difficulty ○○하기 어려운 이유는? 문제 원인 탐색	Method 어떻게 문제를 해결할 것인가? 해결방안, 개선 방안

1. **Definition(정의 질문)**: '○○란 무엇인가?' 질문으로 학습 전 주제에 대해 자신이 알고 있는 지식을 끄집어내고, 개념을 명료화한다.

2. **Value(가치 질문)**: '○○이 왜 중요(필요)한가?' 질문으로 배움을 삶과 연결하게 하는 질문이다. 나와 사회에 이 주제가 어떤 의미와 가치가 있는지의 중요성을 탐색하여, 주제에 대한 이해 폭을 넓히고, 참여 동기를 높인다.

3. **Difficulty(난관 질문)**: '○○하기 어려운 이유는?' 질문으로 문제의 원인을 탐색하고, 가치가 실현되기 어려운 이유를 알아본다.

4. **Method(해법 질문)**: '어떻게 문제를 해결할 것인가?' 질문으로 가치를 실현하고 개선하는 데 필요한 방법을 탐색하고 공유한다.

DVDM 질문법을 적용한 수업 전개 방법

조금 전 설명한 네 가지 질문을 차례대로 따라가다 보면 수업에서 다룰 개념을 명료화하고 중요성을 이해하게 된다. 이후 문제의 원인을 탐색하고 해결책을 모색하게 된다. DVDM 질문법은 특히 우리 사회가 추구하는 가치인 행복, 정의(正義), 민주주의, 자유, 평등, 인권, 통일 등을 다루는 수업에 적합하다. 도입 또는 정리 과정에서 모두 실행할 수 있다.

- **도입 활동**: 주제에 대한 호기심을 높이고, 자신이 알고 있는 기존 지식을 모두 끄집어내어 새롭게 배울 내용에 접목할 수 있다. 이를 통해 수업에서 학생들의 이해도를 높여서 학습 목표 달성을 쉽게 한다.
- **정리 활동**: 네 가지 질문에 대해 답하면서 학습한 주제를 체계적으로 정리할 수 있다.

필자는 통합사회 첫 단원인 행복을 주제로 하는 수업에 적용했다. 포스트잇에 행복에 대한 네 가지 질문을 각각 적게 한 후, 칠판에 붙이게 한다. 교사는 이를 읽으면서 전체 학생과 공유하고, 새로운 질문으로 학생들의 생각을 자극하기도 한다.

다음은 행복을 주제로 한 DVDM 질문에 대한 학생들의 실제 대답을 정리한 것이다(214~216쪽 참조).

▎DVDM질문들 사례

정의(Definition), 가치(Value), 난관(Difficulty), 해법(Method)으로 질문을 분류하여 칠판에 붙여놓은 포스트잇

■ **정의(Definition) 행복이란 무엇인가?**

- 누워서 하늘을 보는 것

- 어디에나 있고, 어디에도 없는 것

- 자신과 사회에 불만이 없는 마음의 상태

- 하고 싶은 일을 하는데 방해받지 않는 것

- 바람처럼 홀연하고 소나기처럼 분명한 것

- 일상에서의 만족감과 기쁨을 느끼는 마음

- 몸과 마음이 평온하고 물질적으로 부족하지 않은 상태

- 욕구가 충족되어 만족하거나 즐거움과 여유를 느끼는 마음 상태

- 목표를 달성했을 때 얻을 수 있는 물리적 또는 정신적 쾌락의 감정

■ **가치(Value) 행복이 왜 중요(필요)한가?**

- 행복은 삶의 목표이기 때문

- 살아가는 이유이고, 원동력

- 행복의 주체는 나이기 때문

- 나의 행복이 다른 사람과 사회에도 기여

- 행복감의 저하는 개인뿐 아니라 사회 활력을 감소

- 행복하지 않으면 삶이 힘들고 의미를 발견하기 곤란

- 잠재력을 발휘하게 도와주면서 삶을 풍요롭게 함

■ 난관(Difficulty) 우리나라가 소득에 비해 행복하기 어려운 이유는?

- 학벌주의와 심한 소득의 격차

- 평균이 점차 상승하는 사회 구조

- 빨리빨리 문화로 인한 여유 부족

- 정해진 틀과 강요되는 삶의 목표와 방향

- 직업별 소득 격차로 인한 상대적 박탈감

- SNS로 인해 다른 사람과 비교하는 문화

- 급속한 경제 성장에 미치지 못하는 정신적 만족도

- 성적과 경제적 성취를 위해 나머지를 희생하는 사회 풍토

- 우리나라의 치열한 경쟁적 사회 구조로 인한 많은 스트레스

- 소득은 일정 수준 이상이면 행복에 영향을 미치지 않기 때문

■ 해법(Method) 우리나라는 어떻게 하면 행복할 수 있을까?

- 일과 개인 생활의 균형을 이루는 삶

- 실질적인 복지 정책과 지역 균형 발전

- 공정한 사회를 위한 개인과 제도적 노력

- 비교하지 않고 자기 삶에 집중하는 태도

- 행복은 이벤트가 아닌 삶의 일상임을 깨달음

- 경쟁적인 구조에서 더불어 사는 구조로의 변화

- 소득 분배의 격차 해소를 위한 제도적 방안 마련

- 자신이 좋아하는 것을 알고 이를 위해 실천하는 것

- 소비지향적인 자본주의에서 가진 것에 만족하는 태도

🖐 의의 및 유의사항

교사가 포스트잇을 전체 학생에게 읽어주면서 그중 의미 있는 내용을 적은 학생을 손들게 하여 왜 그렇게 적었는지 질문해 보자. 자연스럽게 학생의 생각을 전체와 공유할 수 있다. 그리고 좋은 내용의 포스트잇을 적은 학생에게는 칭찬하고, 전체 박수를 유도한다. 또 수업 후 칠판에 그대로 두어서 쉬는 시간에 학생들이 친구의 생각을 계속 볼 수 있도록 한다.

수업 주제에 따라 일부를 생략할 수 있다. 예를 들어, 가치, 난관, 해법만으로 충분한 주제라면 필요한 것만 골라 하면 된다. 또한 학년 초에 과목 이름으로 활동하면 과목에 대한 이해를 높일 수 있다. 예를 들어 수학을 왜 알아야 하는가? 수학이 왜 어려운가? 어떻게 하면 수학을 잘할 수 있을까? 등을 쓰게 하면 학습동기를 높일 수 있다.

KWLM 질문법

알게 된 것과 더 알고 싶은 것은 무엇인가?

개요

KWLM 질문법은 이미 알고 있는 것(Know), 알고 싶은 것(Want), 배운 후 알게 된 것(Learned), 더 알고 싶은 것(More)을 차례로 적어 보는 것이다. 수업 도입 단계에서 주제에 대해 이미 알고 있는 것과 알고 싶은 것을 적는다. 이를 통해 기존에 알고 있는 배경지식을 끄집어내어 수업에 대한 호기심을 높이고 동기를 부여한다. 그리고 정리 단계에서 알게 된 것과 더 알고 싶은 것을 질문하여 배운 내용을 정리하고, 새로운 탐구 활동으로 연결한다.

KWLM 질문법은 프로젝트 수업에서 주제 선정 후 구체적인 탐구 활동을 하기 위해 활용하는 경우가 많다. 네 번째 활동(M 더 알고 싶은 것)은 질문 하브루타 활동과 연결하여 수업한다. 각자가 만든 질문을 짝활동과 모둠 활동을 거쳐 모둠 질문을 선정한다. 선정된 모둠 질문을 칠판에 적게 한 후, 다음 수업의 탐구 활동으로 정할 수 있다.

| 도입활동과 정리활동으로 정리한 KWLM 질문법 |

도입활동		정리활동	
Know 배경지식	Want to know 학습 목표	Learned 배운 점	Want to know More 추가 질문
• 이미 알고 있는 것은? • 떠오르는 단어나 내용은?	• 알고 싶은 것은? • 알아야 할 것은?	• 글을 읽고 알게 된 것은? • 배운 것은?	• 더 알고 싶은 것은? • 여전히 궁금한 것은?

KWLM 질문법을 적용한 수업 전개 방법

고등학교 통합사회 「사회 정의와 불평등」 단원에서 '우리 사회의 불평등 사례 중 한 가지를 선택해서 원인과 해결 방안 찾기'라는 프로젝트 수업을 진행하였다. 이때 KWLM 질문법을 통해 프로젝트 수업 전과 후에 질문을 하게 했다. 그리고 결과물 발표 과정에서 질문 만들기 활동을 했다. 불평등에 대한 학생들의 일반적인 대답 사례를 소개하면 다음과 같다.

■ K(배경지식)

우리 사회 불평등은 여러 분야(예: 성별, 교육, 정규ㆍ비정규직 등)에서 나타난다.

■ W(학습 목표)

- 모든 불평등의 공통적인 원인이 있는가?
- 불평등 해소를 위한 제도와 법은 무엇인가?
- 불평등과 불공정의 차이는 무엇인가?
- 불평등을 어떻게 해결할 것인가?
- 왜 우리나라는 성차별, 빈부격차가 심한가?

■ L(배운 점)

- 불평등의 가장 큰 원인은 경제와 관련이 있다.
- 진로 분야의 불평등 사례와 원인, 해결 방안을 알게 되었다.
- 남녀 불평등을 조사하면서 유리천장에 대해 자세히 알게 되었다.
- 교육과 의료에서의 소득 불평등, 공간 불평등에 대해 알게 되었다.
- 불평등은 소득 외 지역과 문화의 차이에서도 비롯됨을 알게 되었다.

■ M(추가 질문)

- 다양한 불평등 해소를 위한 근본적인 해결 방안이 있을까?
- 복지 정책이 불평등 해결에 얼마나 도움이 될까?
- 갈등 없이 불평등을 해결하는 방법은 무엇이 있을까?
- 내가 모르는 우리 사회의 불평등은 무엇이 있을까?

👆 의의 및 유의사항

필자는 교사 대상 연수에 KWLM 질문법을 자주 활용한다. 질문 수업이나 프로젝트 수업을 주제로 연수한 후, 포스트잇에 각자의 생각을 써서 전체와 공유하도록 한다. 연수 시작할 때 K, W를 포스트잇에 적어서 붙이게 하고, 연수 정리 단계에서 L, M을 적어 붙이게 한다. M(더 알고 싶은 것)을 통해 만들어진 교사들의 질문으로 한층 더 소통하는 연수를 할 수 있게 되었다.

07

5WHY 질문 수업

질문을 거듭할수록
문제의 근본에 다가가다

| 개요 |

5WHY 질문법은 문제 해결을 위해 다섯 번의 질문을 통해 근본적인 원인을 찾는 방법이다. 일반적으로 어떤 문제가 발생하면 사람들은 대부분 이런 생각에만 치우쳐 고민한다.

　"이걸 어떻게 해결하지?"

하지만 그렇게 나온 해결책은 임시변통에 그치거나 오히려 사태를 악화시킬 우려도 있다. 반면 5WHY 질문법은 "왜 이런 일이 일어났지?"에 좀 더 초점을 맞춰 질문을 거듭하는 방식이다. 질문을 거듭하며 거슬러 올라가며 결국 문제의 근본 원인에 접근하는 것이다. 근본 원인이 제대로 파악되지 않은 상태에서 나온 섣부른 해결책으로 또 다른 문제가 발생하는 것을 막을 수 있다.

5WHY 질문 전개 방법

5WHY로 문제를 해결한 대표적 사례로 미국 워싱턴주 제퍼슨 기념관의 사례가 있다. 바로 "기념관의 대리석벽이 심하게 부식되었다."는 문제였다. 아래 글상자는 이 문제에 대해 5WHY 질문법을 전개한 것이다. 만약 이 경우 5차 질문까지 가지 않고 성급하게 결론지었다면 어떻게 되었을까? 아마 살충제를 이용하여 거미와 불나방을 제거하는 해법을 제시했을지도 모른다. 그랬다면 화학 성분이 포함된 살충제는 또 다른 예기치 못한 문제를 일으킬 수 있다. 하지만 계속된 질문을 통해 문제의 근본 원인을 발견했다. 불

1차　WHY: 왜 대리석 벽이 심하게 부식되는가?
　　답　 : 세제를 사용해 너무 자주 씻기 때문이다.
2차　WHY: 왜 세제로 대리석을 자주 씻는가?
　　답　 : 비둘기가 많이 와서 똥을 싸기 때문이다.
3차　WHY: 왜 비둘기가 많이 몰려 오는가?
　　답　 : 주변에 비둘기 먹이인 거미가 많기 때문이다.
4차　WHY: 왜 거미가 많은가?
　　답　 : 거미 먹이인 불나방이 많기 때문이다.
5차　WHY: 왜 불나방이 많은가?
　　답　 : 해 지기 전 가로등을 너무 일찍 켜기 때문이다.

☞ **해결책 : 불나방 활동 시간을 지나 두 시간 늦게 가로등을 켠다.**

빛을 보고 몰려든 나방이 근본 원인이었기 때문에 나방이 모이는 시간대에 불을 켜지 않으면 되는 것이다. 나방이 모이지 않으면 거미도 없고, 거미가 없으면 비둘기 역시 몰려들지 않아서 똥을 싸지 않고, 자주 청소할 필요가 없어지는 것이다. 이렇게 하면 전기료도 줄이고, 성급한 다른 해법에 들어갈 비용과 시간을 줄이고 무엇보다 근본적으로 문제를 해결하게 된다.

5WHY 질문법을 적용한 수업 전개 방법

새학기 3월 첫 수업 시간에 왜 국어를 배울까, 왜 수학을 배울까 등 과목을 배우는 이유를 문제로 제시할 수 있다. 이를 통해 과목에 대한 동기를 부여할 수 있다. 수업뿐만 아니라 '왜 공부를 해야 할까?', '왜 욕설을 사용할까?' 등의 인성, 생활 문제에도 적용할 수 있다. 또한 학생 개인 상담 때 잘못된 습관, 고민이나 가장 해결하고 싶은 문제로 실시할 수도 있다.

필자는 고 1 통합사회 수업에서 「행복」, 「환경 문제 해결」, 「사회 정의와 불평등」 세 단원의 수업을 담당한다. 224~225쪽에 걸쳐 단원마다 우리 사회의 구체적인 문제를 제시 후 5WHY 질문법을 진행했을 때 학생들의 활동 내용을 정리하였다. 또 225쪽 2번째 표에서 국어 1정 교사 연수에서 국어 교사를 대상으로 5WHY 질문법으로 실습한 결과물도 함께 정리하였다.

| '행복'에 대한 학생들의 5WHY 질문법 활동 내용 |

문제		우리나라는 경제력에 비해 행복도가 낮다.
1차 WHY	질문	왜 경제력에 비해 행복도가 낮은가?
	답	가족, 친구들과 즐겁게 보낼 시간이 부족하기 때문이다.
2차 WHY	질문	왜 가족, 친구들과 같이 보낼 시간이 부족한가?
	답	대부분 시간을 돈을 벌기 위해 사용하기 때문이다.
3차 WHY	질문	왜 대부분 시간을 돈을 버는데 사용하는가?
	답	비교와 과시욕으로 경쟁이 심해졌기 때문이다.
4차 WHY	질문	왜 비교와 과시욕이 심해졌는가?
	답	SNS에서 자신을 과시하여 인정받고 싶은 욕구 때문이다.
5차 WHY	질문	왜 사람들은 인정받고 싶은 욕구가 있는가?
	답	자신의 미래가 불안정하고, 자신을 믿지 않기 때문이다.
결론		자신감과 자존감을 높여 자신을 믿고, 용기가 있게 미래를 향해서 나아가야 한다.

| '환경문제'에 대한 학생들의 5WHY 질문법 활동 내용 |

문제		기후 위기가 심각하다.
1차 WHY	질문	기후 위기가 왜 일어났는가?
	답	지구 온난화 현상 때문이다.
2차 WHY	질문	지구 온난화는 왜 일어났는가?
	답	온실가스가 증가해서 지구의 온도가 높아졌기 때문이다.
3차 WHY	질문	왜 온실가스가 증가했는가?
	답	산업혁명 이후 에너지 사용량이 늘어났기 때문이다.
4차 WHY	질문	왜 에너지 사용량이 늘어났는가?
	답	환경보다 편리함을 추구하기 때문이다.
5차 WHY	질문	왜 편리함을 추구하는가?
	답	한정된 시간에 더 많은 생산성을 얻기 위해서이다.
결론		더 이상 생산을 위한 에너지 사용량을 줄이고, 개인은 편리함보다 환경을 생각하는 마음이 필요하다.

| '불평등'에 대한 학생들의 5WHY 질문법 활동 내용 |

문제		소득 불평등이 심화되고 있다.
1차 WHY	질문	왜 소득 불평등이 심화되고 있는가?
	답	빈익빈 부익부 때문이다.
2차 WHY	질문	왜 빈익빈 부익부가 생기는가?
	답	부자가 더 많은 돈을 벌 수 있는 사회 구조 때문이다.
3차 WHY	질문	왜 부자가 더 많은 돈을 벌 수 있는가?
	답	자본주의 사회에서 투자로 버는 돈이 크기 때문이다.
4차 WHY	질문	왜 가난한 사람은 갈수록 힘이 드는가?
	답	생활비나 통신비로만 월급이 모두 나가기 때문이다.
5차 WHY	질문	왜 생활비나 통신비로 월급 대부분이 나가는가?
	답	소득이 적기 때문이다.
결론		정부는 세금 정책 등을 통해 부의 재분배 정책을 펴야 한다.

| '국어 공부의 어려움'에 대한 교사들의 5WHY 질문법 활동 내용 |

문제		학생들은 국어 공부를 힘들어한다.
1차 WHY	질문	왜 국어 공부를 힘들어할까?
	답	말(뜻)을 제대로 이해하지 못하기 때문이다.
2차 WHY	질문	왜 말(뜻)을 제대로 이해하지 못할까?
	답	경험(배경지식)이 부족하기 때문이다.
3차 WHY	질문	왜 경험(배경지식)이 부족할까?
	답	책을 읽을 시간과 직접 체험 기회가 부족하기 때문이다.
4차 WHY	질문	왜 책을 읽을 시간과 직접 체험 기회가 부족할까?
	답	학원에 다니거나 게임에 많은 시간을 쓰기 때문이다.
5차 WHY	질문	왜 학원과 게임에 많은 시간을 쓸까?
	답	뒤처지면 안 된다는 사회 분위기와 흥미와 자극을 원하는 심리 때문이다.
결론		학원과 게임 시간을 줄이고 책을 읽거나 다양한 체험을 함으로써 배경지식(어휘력)을 높이도록 해야 한다.

🖑 의의 및 유의사항

에듀테크 블로그를 운영하는 홍정민은 5WHY 질문과 답변의 원칙으로 다음을 제시한다.

> **첫째, 질문과 답변은 통제 가능해야 한다.** 자신의 노력이나 사회 제도적으로 통제할 수 없는 해결 방안이라면 의미가 없다. 예를 들어 '시험 성적이 왜 오르지 않는 것일까?'라는 질문에 "문제가 너무 어려워서"라는 답변은 이러한 원칙에 어긋난다.
>
> **둘째, 수치와 근거에 의한 사실로 답한다.** '왜 회사 매출이 오르지 않는가?'라는 질문에 "회사 직원들이 게을러서"라는 답변보다는 "직원 15%가 근태가 안 좋다.", "경쟁사에 시장 점유율을 5% 빼앗겨서"라는 사실적 답변이 있어야 명확한 대안 도출이 가능하다.
>
> **셋째, 해결책은 논리적 설명이 가능해야 한다.** 더 이상 WHY의 질문이 필요 없어야 하며, 핵심 원인이 된 이유에 대해 설명할 수 있어야 한다.

※ 수업에서 5WHY 질문법을 해보면 3번까지는 학생들이 비교적 쉽게 질문하고 답을 쓴다. 하지만 4번째부터는 힘들어하는 모습을 보인다. 이는 문제의 핵심에 다가갈수록 그만큼 많은 생각이 필요하기 때문이다. 또한 기업과 달리 수업에서는 근본적인 해결책 도출보다는 계속 질문하고 답하는 과정에서 주제에 대해 깊이 있는 사고를 독려하는 것에 의의를 둔다.

스캠퍼 질문법

질문할수록 샘솟는
창의적인 아이디어

개요

스캠퍼(SCAMPER)는 창의적 사고를 끌어내는 질문법으로 다양한 문제 해결과 아이디어 생성에 도움을 준다. 브레인스토밍 기법을 창안한 오스본이 만든 아이디어 발상법을 미국의 교육학자인 밥 에이벌(Bob Eberle)이 재구성하고 발전시킨 것이다. 7가지 질문에 따라 다양한 아이디어를 창출하고, 문제 해결에 접근하는 것이다. '대체하기(Substitute), 조합하기(Combine), 적용하기(Adapt), 수정·확대·축소하기(Modify, Magnify, Minify), 다른 용도로 사용하기(Put to other use), 제거하기(Eliminate), 재배치하기(Rearrange)'라고 하는 7가지 질문의 머리글자를 따서 만든 것이다.

스캠퍼의 질문별 의미

- - - - - - - - - - - - - -

스캠퍼 질문법을 적용한 사례를 소개하기 전에 먼저 스캠퍼의 질문별 의미와 예시를 살펴보면 다음과 같다.

첫째, **무엇으로 바꿀 수 있는가?(Substitute, 대체하기)**: 기존의 재료를 새로운 것으로 대체하면 어떨지를 묻는다. 채식주의자들이 육류를 대신해서 콩을 햄버거 재료로 사용하는 것을 예로 들 수 있다. 또한 교육과정 재구성에서도 적용할 수 있다.

둘째, **무엇과 결합할 것인가?(Combine, 조합하기)**: 기존의 기능을 하나의 기기에 결합하면 어떨지를 묻는다. 스마트폰은 전화기에 카메라, 인터넷 기능 등을 결합한 사례이다. 예를 들어 기후 문제 해결을 위해 여러 과목의 융합 프로젝트 수업을 할 수 있다.

셋째, **비슷한 것은 무엇인가?(Adapt)**: 응용하기로 비슷한 사물이나, 다른 목적과 조건에 맞게 응용하면 어떨지를 묻는다. 모방과 관련 있으며, 갈고리 모양의 씨앗을 응용하여 만든 벨크로(찍찍이)를 예로 들 수 있다.

넷째, **수정 · 확대 · 축소해 보면 어떤가?(Modify, Magnify, Minify, 변형하기)**: 기존 제품의 크기나 모양을 수정 · 확대 · 축소하면 어떨지를 묻는다. 안경을 수정한 선글라스, 데스크탑 컴퓨터의 크기를 축소한 노트북을 예로 들 수 있다. 교육과정 재구성에 적용할 수 있다.

다섯째, **다른 용도로 사용하면 어떤가?(Put to other use, 변경하기)**: 기존의 것을 다른 용도로 사용하면 어떨지를 묻는다. 빵에 넣는 식품첨가물로 개발된 베이킹파우더를 과일 소독 세제로 사용하는 것을 예로 들 수 있다.

여섯째, **제거하면 어떤가?(Eliminate, 제거하기)**: 기존 제품의 일부를 제거하면 어떨지를 묻는다. 선을 제거한 무선 마우스, 무선 이어폰을 예로 들 수 있다.

일곱째, **순서나 역할을 바꾸면 어떤가?(Rearrange, 재배열하기)**: 순서를 바꾸거나 기존의 생각과 반대되는 생각을 한다면 어떨지를 묻는다. 전통 수업 방식과는 반대로 동영상으로 선행 학습 후 교실에서 학생 참여 수업을 하는 거꾸로 교실을 생각해 볼 수 있다.

스캠퍼 질문법을 적용한 질문 전개 방법

질문별 의미를 떠올리면서 스캠퍼 질문법 사례들을 살펴보자. 수업에서 다음과 같은 주제로 적용해 보았다.

- 자전거
- 흥부와 놀부
- 커피

■ 자전거를 스캠퍼 질문법에 적용한 사례

S 대체하기	프레임을 카본이나 티타늄으로 바꾼 고급 자전거
C 결합하기	자전거에 전기 충전기를 결합한 전기 자전거
A 응용하기	차 트렁크에 넣을 수 있도록 만든 접이식 자전거
M 수정하기	안장을 두 개로 만든 커플 자전거, 어린이용 세발자전거
P 변경하기	호수에서 탈 수 있도록 구조를 변경한 수상 자전거
E 제거하기	바퀴 하나를 제거한 외발자전거
R 바꾸기	자전거의 목적을 이동 수단이 아닌 헬스용으로 만든 실내 자전거

■ '흥부와 놀부'[3]를 스캠퍼 질문법에 적용한 사례

S 대체하기	• 제비가 아닌 다른 동물이라면? • 이야기의 배경이 현재라면?
C 결합하기	• 놀부가 흥부 가족과 함께 산다면? • 놀부를 더 혼내려면 박에 무엇을 더 넣을까?
A 응용하기	• 박씨가 아닌 다른 과일씨를 주었다면? • 이 이야기와 비슷한 이야기는?
M 수정하기	• 흥부는 박이 하나만 주어지면 어떤 것을 원할까?
P 변경하기	• 놀부 아내가 주걱이 아닌 숟가락을 들고 있었다면?
E 제거하기	• 박에 보물이 들어 있지 않았다면? • 흥부한테 자식이 없었다면?
R 바꾸기	• 놀부가 먼저 제비 다리를 고쳐 주었다면? • 흥부가 욕심쟁이 동생이었다면?

....

3. 《하브루타 수업 디자인》(맘에드림)에서 초등학교 수업으로 소개된 사례이다.

■ 커피[4]를 스캠퍼 질문법에 적용한 사례

S 대체하기	커피 원두를 구운 병아리콩이나 도토리 등으로 대체한다.
C 결합하기	커피에 우유를 결합하여 카페 라테를 만든다.
A 응용하기	커피 찌꺼기를 사용해서 냉장고 탈취제를 만든다.
M 수정하기	땅에서 빨리 분해되는 친환경용 컵으로 바꾼다.
P 변경하기	재료를 변경하여 녹차 라떼, 고구마 라떼를 만든다.
E 제거하기	카페인을 제거한 디카페인 커피를 만든다.
R 바꾸기	커피숍을 공부하는 장소로 활용한다.

....

4. 필자의 통합사회 수업 첫 단원은 「인간, 사회, 환경의 탐구와 통합적 관점」이다. 교과서에서는 통합적 관점을 설명하기 위해 '커피를 통해 살펴보는 다양한 관점'을 제시한다. 이에 학생들의 흥미 유발을 위해 커피를 스캠퍼 질문법으로 적용했다.

09

플래시 카드 질문 활동

주고받는 질문 속에서
명확해지는 개념 이해

플래시 카드 질문 활동은 두 사람이 짝이 되어 카드에 적힌 질문에 대해 묻고 답하는 퀴즈 활동이다. 이때는 생각을 묻는 열린 질문이 아닌, 수업 시간에 배운 중요 개념을 묻는 정답이 있는 닫힌 질문이다. 앞뒤로 개념과 설명이 적힌 플래시 카드의 내용을 공부한 후, 이를 짝과 퀴즈 형식으로 묻고 답하면서 개념을 명확히 정립할 수 있다.

교사가 종이 한 면에는 개념, 다른 한 면에는 설명을 적어 플래시 카드를 만든다. 카드를 이용해서 한 명은 질문하고, 한 명은 대답한다. 이때 질문자는 설명을 읽고, 반대편에서는 개념을 대답한다. 거꾸로 개념을 읽고, 반대편이 설명하게 할 수도 있다. 이러한 플래시 카드 퀴즈 활동은 학습 내용을 인출하고 설명하는 과정을 통해 기본 개념을 명확하게 이해하고, 오래 기억하게 해준다.

플래시 카드 질문 활동을 적용한 수업 전개 방법

사회 교과에서 실천한 사례이다. 플래시 카드의 한 면에 인간의 존엄성, 기본권, 사회 계약설, 죄형 법정주의, 형벌 불소급의 원칙, 일사부재리의 원칙 등 기본 개념을 적고, 반대 면에는 자세한 설명을 적는다. 20개 정도의 카드가 적당하다. 다음은 모둠 활동인데 짝 활동으로 진행할 수도 있다. 진행 절차는 다음과 같다.

■ 1단계: 카드 배부하기

모둠별(4명)로 플래시 카드가 담겨있는 A 봉투와 B 봉투를 배부한다. A 봉투와 B 봉투에는 다른 플래시 카드가 들어있다. A 봉투는 모둠의 1, 3번 학생이, B 봉투는 2, 4번 학생이 가진다. 즉 모둠 안에서 1, 3번과 2, 4번이 서로 짝을 이루어 협력하게 한다.

A 봉투	B 봉투
1번 학생	2번 학생
3번 학생	4번 학생

■ 2단계: 카드 내용 공부하기

1, 2번 학생이 교사가 정한 시간 동안 플래시 카드의 개념과 설명을 공부한다. 공부가 끝난 카드는 1번은 3번에게, 2번은 4번에게 전달한다. 학습이 부족한 카드는 맨뒤로 넘겨서 반복 학습한다. 결국 학습이 끝난 카드는 3, 4번 학생이 들고 있게 된다.

■ 3단계: 퀴즈 게임

3, 4번 학생이 퀴즈를 내고 1, 2번 학생이 대답한다. 정답을 맞힌 카드는 바닥에 내려놓도록 하고 틀린 카드는 맨 뒤로 넘겨서 반복 학습한다.

■ 4단계: 역할 바꾸어 공부하기

이번에는 3, 4번 학생이 플래시 카드 내용을 학습한다. 2단계와 같은 방법으로 한다.

■ 5단계: 퀴즈 게임

1, 2번 학생이 퀴즈를 내고 3, 4번 학생이 대답한다. 3단계와 같은 방법으로 한다.

■ 6단계: 카드 바꾸어 게임하기

A 봉투와 B 봉투를 교환하여 새로운 카드로 2~5단계를 다시 한번 반복한다.

10

질문 월드 카페

편안한 분위기에서
질문으로 생각을 나누다

개요

월드 카페란 '카페'라는 단어에서 짐작할 수 있듯이 편안한 분위기에서 열린 대화를 통해 여러 명이 함께 아이디어를 도출, 공유하는 방법이다. 모둠에서 먼저 대화를 나누고, 이후 호스트(카페 주인) 한 명을 제외하고, 나머지는 다른 테이블로 이동해서 대화를 이어가는 방식이다. 이는 협력적 대화를 통해 다양한 생각을 창출하는 과정에서 집단지성의 힘을 보여주는 토론 방식으로 교육뿐만 아니라 다양한 분야에서도 활용되고 있다.

질문 월드 카페도 기본 방식은 월드 카페와 같다. 먼저 모둠 질문을 선정하고 질문을 주제로 토론한 후, 카페 주인 1명과 손님 3명으로 역할을 나눈다. 이후 카페 주인만 남고 손님은 다른 모둠을 방문하는 방식이다.

질문 월드 카페를 적용한 수업 전개

질문 월드 카페 활동에서 카페 주인은 다른 모둠의 손님을 맞아 질문이 적힌 백지를 보여주고, 질문에 대해 설명한다. 한편 손님은 모든 카페를 순회하면서 카페 주인의 이야기를 들은 후, 질문에 대해 생각을 말하거나 적는다. 자기 카페로 돌아오면 모든 생각을 정리하며 카페 주인이 발표하면 된다.

질문 월드 카페의 장점은 모든 모둠의 질문에 대해 학생 개개인의 생각을 공유할 수 있다는 점이다. 나아가 각 개인의 생각이 모둠뿐만 아니라 학급 전체에게 전달될 수 있다. 질문에 대한 생각은 백지에 적을 수도 있지만 포스트잇에 적으면 효과적이다. 호스트는 손님이 적은 포스트잇을 보고 비슷한 내용끼리 묶어서 분류하면 가장 많은 의견을 정할 수도 있고, 전체 의견을 정리하기도 쉽다. 교사는 잔잔한 배경 음악으로 카페 분위기를 만들어 줄 수도 있다. 절차는 다음과 같다.

활동 방법

1. 개인별로 질문을 3개 만든다.
2. 모둠에서 개인별로 가장 좋은 질문을 한 개씩 발표한다. 자신이 왜 이 질문을 만들었는지에 관해 설명한다. 질문에 대해 각자 돌아가면 자기 생각을 발표할 수도 있다.

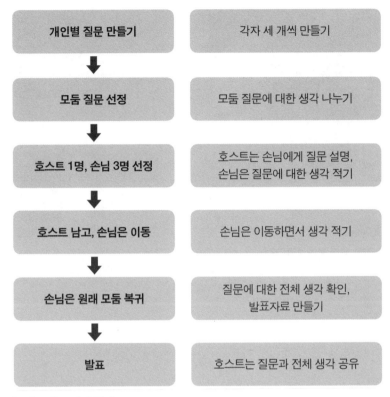

개인별 질문 만들기	각자 세 개씩 만들기
모둠 질문 선정	모둠 질문에 대한 생각 나누기
호스트 1명, 손님 3명 선정	호스트는 손님에게 질문 설명, 손님은 질문에 대한 생각 적기
호스트 남고, 손님은 이동	손님은 이동하면서 생각 적기
손님은 원래 모둠 복귀	질문에 대한 전체 생각 확인, 발표자료 만들기
발표	호스트는 질문과 전체 생각 공유

▌질문 월드 카페 절차

질문 월드 카페는 카페처럼 편안한 분위기에서 자리를 이동하며 친구들과 자연스럽게 생각을 나누는 것이다.

3. 모둠에서 가장 좋은 질문(모둠 질문)을 선정한다. 이때 모둠 질문을 만든 사람은 카페 주인이, 나머지 세 명은 손님이 된다. 카페 주인은 전지에 질문 제목을 크게 쓴다. 포스트잇에서 나온 벽에 쉽게 붙이고 떼는 전지를 사용한다.

4. 카페 주인은 남고 손님은 옆 카페로 이동한다.

▌ 질문 월드 카페 활동 모습

카페 주인 1명과 손님 3명으로 역할을 나눈다. 카페 주인을 제외한 나머지 손님들은 자리를 이동하며 질문과 생각을 나누는 활동이다.

5. 카페 주인은 손님이 오면 자기 질문에 대해 설명한다.

6. 손님은 설명을 듣고 질문에 대한 생각을 포스트잇에 써서 전지에 붙인다.

7. 손님은 교사가 신호하면 옆 카페로 이동해서 모든 카페를 순회한다.

8. 카페 순회를 마치면 자기 카페로 돌아가서 포스트잇을 비슷한 대답 유형 끼리 묶는다.

9. 카페 주인은 최종 발표한다. 발표문을 칠판이나 게시판에 부착하면 모든 학생에게 전체 의견을 공유할 수 있다.

질문 한 바퀴

같은 질문에 대한
다양한 생각을 알게 되다

개요

이 활동은 본래 필자가 '질문 월드 카페' 활동으로 수업하려다가 시간
이 모자라서 임기응변으로 하게 된 활동이다. 시간 대비 의외로 질문
수업 효과가 커서 이후 공개 수업을 하게 되었고, 교사들과 학생들의
만족도가 높았다.

질문 한 바퀴 수업 전개 방법

고등학교 통합사회 「기후 변화의 통합적 관점」 단원에서 수업을
진행했던 내용을 소개한다. 수업 절차를 요약하면 다음과 같다.

1. **수업 준비**: 수업 시작과 동시에 교사는 전지를 교실 곳곳에 붙인다. 보통 앞에 세 장, 뒤 게시판에 세 장 정도가 적당하다.

2. **강의 및 개인 질문 만들기**: 핵심 내용 강의 후 개인별로 3개의 심화 질문을 만들게 한다.

3. **모둠 질문 정하기**: 개인별 최고 질문을 한 개 선택해서 짝 토론과 모둠 토론을 거쳐, 모둠 최고 질문을 선정한다. 시간이 부족하면 짝 토론을 생략하고, 바로 모둠 토론을 한다.

4. **모둠 질문 적기**: 모둠 질문을 만든 학생은 질문을 전지 상단에 매직으로 크게 쓴다. 교실 곳곳에 6개의 다른 질문이 전시된다.

5. **교실 한 바퀴 돌면서 생각 적기**: 모든 학생에게 6장의 포스트잇을 나눠준 후, 교실 곳곳을 돌면서 모든 질문에 자기 생각을 쓰게 한다.

6. **질문 정리**: 교사는 전지를 교실 앞에 나란히 붙이고, 질문마다 의미 있는 생각을 쓴 포스트잇을 읽으면서 학생들의 다양한 생각을 공유하고 정리한다.

■ 모둠 대표 질문 예시

- 기후 변화가 일어나기 전으로 돌아갈 수 있을까?

- 국가의 이익이 중요한가? 환경 보호가 중요한가?

- 지구 온난화를 막기 위해 우리가 할 수 있는 노력은?

- 파리협정의 강제력을 강화하는 국제적 방법은 없을까?

- 기후 변화로 인해 우리가 겪는 고통은 어떤 것이 있을까?

- 기후 변화를 위한 국제 조약에 강제성을 부여하는 방법은?

- 우리나라에 기후 난민이 온다면 나는 찬성할까, 반대할까?

- 과학 기술을 이용하여 기후 변화를 막을 방법은 뭐가 있을까?

- 선진국들은 어떤 방법으로 피해를 배상하고 책임질 수 있는가?

- 선진국이 개발도상국에게 기후 변화의 책임을 지고 보상하는 것은 의무일까?

- 기후 위기를 막기 위한 국제 협정에 가입하지 않을 권리와 온실가스 배출을 줄일 의무 중 무엇이 더 중요한가?

1. 통합적 관점으로 기후 변화 살펴보기

시간적 관점 (역사)	기후 변화의 원인	산업혁명 이후 빠른 속도로 기온상승 산업화로 온실가스 배출량 증가
공간적관점 (지리)	기후 변화에 따른 지역별 영향	빙하가 녹고 해수면 상승 일부 도시에서 기후 난민 발생
사회적 관점 (국제정치)	기후 변화 문제 해결하려는 국제적 노력	교토의정서, 파리협정 등 국제적 해결 노력
윤리적 관점 (윤리)	기후 변화의 책임	선진국 피해 배상 책임과 지원 현세대만 미래 세대 위해 노력

2. 질문 만들기 하브루타

개인 질문	1. 온실가스 배출을 줄이기 위해 벌금을 막는 것이 좋은가?
	2. 개인이 기후변화를 막기 위해 할 수 있는 노력은?
	3. 기후 변화를 막지 않으면 지구와 환경 어떻게 될까?
짝 토론	온실가스 배출을 줄이기 위해 벌금을 막는 것이 좋은가?
모둠 토론	국제조약에 가입하지 않을 권리다 온실가스 배출 감소 의무 중 무엇이 중요한가?
생각 쓰기	저는 온실가스 배출을 줄이는 의무가 중요하다고 생각합니다. 왜냐하면 한 나라의 이익보다 우리 지구와 인류의 미래가 더 중요하기 때문입니다.

▌질문 한 바퀴 수업 활동지 예시
질문을 만들고 생각을 적는 과정에서 지속적인 사고 활동이 이루어지고, 또 친구가 쓴 내용을 읽으면서 같은 질문에 대해서 다양한 생각을 알게 된다.

모둠 토론하기

모둠 질문 선정하기

한 바퀴 돌면서 생각 적기

질문 정리하기

▌ 질문 한 바퀴 활동 장면
이 활동의 가장 큰 장점은 모둠 질문에 대해 모든 학생이 각자의 생각을 표현하고, 또 친구들의 생각을 읽을 수 있다는 것이다.

🖐 의의 및 유의사항

이 활동의 가장 큰 의의는 모둠 질문에 대해 모든 학생이 각자 자신의 생각을 표현하고, 또 친구들의 생각을 읽을 수 있다는 점이다. 그날 배운 내용에 대해 각 모둠에서 나온 대표 질문마다 자기 생각을 적는 과정에서 지속적인 사고 활동이 이루어지고, 또 친구가 쓴 내용을 읽으면서 같은 질문에 대한 다양한 생각을 알게 된다.

따라서 한 주 정도는 교실 앞뒤 게시판에 아이들이 만든 질문 활동지를 교실에 전시하는 것이 바람직하다. 아이들이 쉬는 시간에 자연스럽게 다른 학생의 질문을 읽는 모습을 보게 된다. 자신과 다른 친구의 생각에서 배움이 저절로 확장된다.

12

질문 갤러리 워크

발표자와 질문자가 함께
성장하는 시간으로

개요

갤러리 워크(Gallery Walk)는 미술관에서 안내자의 해설을 들으면서 전시물을 감상하며 걷는 것처럼 교실을 돌아다니며 각 모둠의 산출물을 살펴보는 활동이다. 프로젝트 수업에서 만든 모둠 산출물을 발표할 때 하면 효과적이다. 일반적으로 프로젝트 수업에서 한 모둠이 발표하면 나머지 학생 전체는 듣는 방식으로 진행된다. 이에 비해, 갤러리 워크에서는 교실이 전시관이 되어 곳곳에서 발표가 동시에 이루어진다. 그래서 발표자와 질문자가 가까이에서 소통할 수 있다.

질문 갤러리 워크 수업 전개 방법

모둠별로 만든 산출물을 교실 곳곳에 전시한 후, 미술관에서 도슨트(Docent)가 관람객에게 작품을 설명하듯이, 모둠의 산출물에 관해 설명하고 관람객은 질문한다. 도슨트는 '미술관이나 박물관에서 전시물을 설명하는 사람'을 말한다.

고 1 통합사회 「환경 문제 해결을 위한 노력」 단원에서 질문 갤러리 워크를 진행한 사례를 소개한다. 다음 표는 차시별 활동 내용을 간략하게 정리한 것이다.

| 차시별 질문 갤러리 워크 활동 내용 |

구분	활동내용
1차시	• 모둠별 발표 과제 제시 • 모둠별 산출물 제작
2차시	• 모둠별 산출물 전시 • 도슨트와 관람자 역할 분담 후 갤러리 워크 진행 • 모둠별 최고 질문 선정 후 토론 • 전체 발표

🖐 활동 방법

2차시에 걸쳐 진행한 주요 활동들을 요약하면 다음과 같다. 구분한 것처럼 1~2번까지가 1차시 수업이고, 3번부터 7번까지는 2차시 수업 내용이다.

1차시

1. 교사는 모둠별로 과제를 제시한다.

   - 1모둠: 기후 위기로 인한 변화와 피해조사
   - 2모둠: 기후 위기가 내 삶에 주는 영향
   - 3모둠: 국제사회의 노력
   - 4모둠: 정부의 노력
   - 5모둠: 기업의 노력
   - 6모둠: 시민단체의 노력
   - 7모둠: 개인의 노력

2. 모둠별로 토론하고 협력해서 산출물을 만든다.

2차시

3. 완성된 산출물을 교실 곳곳에 붙여 갤러리로 만든다.

4. 모둠별로 산출물에 대해 설명하는 도슨트 2명과 다른 모둠 산출물을 관람하면서 설명을 듣고 질문하는 관람자 2명으로 역할을 나눈다.

5. 도슨트 중에서 한 명은 설명하고, 다른 한 명은 관람객의 질문을 기록한다. 관람객의 질문에 대해서는 도슨트 두 명이 적절히 설명한다. 도슨트

의 설명과 기록 역할은 중간에 교대해서, 골고루 설명 기회를 얻도록 한다. 관람객은 개인별로 각각 질문을 해야 한다.

6. 모든 산출물에 대한 탐방이 끝나면 각자 모둠으로 돌아온다. 도슨트는 기록한 질문을 모둠원에게 공유하고, 최고 질문을 모둠 협의를 통해 선정해서 판서한다. 선정한 최고 질문에 대해 모둠원들은 토론을 통해 답변을 정리한다.

7. 모둠별로 대표 한 명씩 나와서 모둠별 최고 질문에 대해 설명하고, 모둠 토론 결과를 발표한다.

교사가 아이들이 모둠활동에서 만든 질문을 한눈에 정리할 수 있도록 248쪽에 모둠별 질문을 기록할 수 있는 양식을 제시하였다.

🖐 의의 및 유의사항

갤러리 워크 질문 활동의 의의는 다음과 같다.

첫째, 모든 학생이 참여하는 수업이다. 산출물을 만드는 과정, 설명하고 질문하는 모든 과정에서 활발하고 적극적인 참여가 이루어진다.

둘째, 발표자와 관람객의 직접적인 소통이 가능하다. 산출물을 두고 발표자와 관람객이 바로 앞에서 설명하고 질문하면서 활발한 대화를 할 수 있다.

셋째, 산출물에 대한 이해가 쉽다. 전체 발표 때 칠판과 학생들 간에 거

│ 질문 갤러리 워크

도슨트 중 한 명은 설명하고, 다른 한 명은 관람객의 질문을 기록한다. 모두가 활동에 참여하고 함께 성장하는 활동이다.

리가 있어 산출물의 글자가 잘 보이지 않거나 집중하기가 어렵다. 하지만 갤러리 워크는 결과물 바로 앞에서 도슨트의 설명을 들으면서 텍스트도 직접 읽을 수 있다.

넷째, 경쟁이 아니라 함께 성장하는 활동이다. 모든 결과물을 함께 살펴보고, 질문하고, 성찰할 수 있다. 관람객의 질문을 통해 산출물의 내용을 개선할 수 있다.

※ 유의할 점은 시간을 정해 주지 않으면 이동이 정체될 수 있다. 따라서 교사는 적절한 시간(3~5분)이 지나면, 종을 울리거나 신호를 주어서 관람객이 다음 전시물로 이동하게 한다. 또한 교사도 각 모둠을 순회하면서, 모둠별 발표 내용을 관찰 기록 평가할 수 있다.

구분	질문 기록지 양식
1모둠	
2모둠	
3모둠	
4모둠	
5모둠	
6모둠	
7모둠	
최종 질문	

13

정답으로 질문 만들기

거꾸로 정답에
질문하다

개요

우리나라 학생들은 스스로 질문하기보다는 질문에 대답하는 것에 훨씬 더 익숙한 편이다. 그런데 이 활동은 거꾸로 정답에 맞는 질문을 만드는 연습을 해볼 수 있어서 추천한다. 학생들은 정답이 적힌 활동지를 받고, 그 정답에 맞는 질문을 만든다. 하나의 정답에 다양한 질문을 만드는 과정에서 학생들은 질문 만들기에 흥미를 느끼고, 질문에 익숙해질 수 있다. 그리고 정답에 맞는 질문을 찾는 과정에서 자연스럽게 배운 내용을 익힐 수 있게 된다. 어려운 개념이 포함된 내용이 있는 단원에서 스스로 개념 익히기에 유용한 활동이다. 텍스트를 제시한 후이 활동을 하게 되면 학생들은 저절로 내용을 익히게 된다.

'정답으로 질문 만들기' 수업 전개 방법

고등학교 통합사회 「동서양의 행복론」 단원에서 정답으로 질문 만들기 활동을 진행했다. 관련된 수업 절차는 다음과 같다.

1. **활동지 배부**: 수업 시간에 배운 동서양의 행복론에 사상이나 사상가가 정답으로 적힌 활동지를 배부한다.
2. **정답으로 질문 만들기**: 학생들은 해당 정답을 유추할 수 있는 질문을 만든다.
3. **짝과 질문 주고받기**: 각자 만든 질문으로 짝과 퀴즈 놀이를 한다. 질문을 말하면 상대는 정답을 이야기한다. 반대로 정답을 이야기하고, 질문을 말하게 할 수도 있다. 짝이 틀리면 자연스럽게 친구 가르치기 활동을 한다.

의의 및 유의사항

이 단원에서는 동서양의 다양한 사상가들이 등장하고, 내용도 학생들에게 다소 어려울 수 있다. 이에 필자는 수업 시간에 질문 하브루타와 친구 가르치기 활동을 함께했다. '정답으로 질문 만들기' 활동은 중간고사 직전 수업 시간에 실시했다. 보통 시험 범위까지 진도를 나간 경우 시험 직전 시간은 자습시간으로 할애하는 경우도 있다. 하지만 이 활동은 오히려 자습보다 학생들의 시험 준비

정답	질문
인(仁)을 실천한다.	유교에서는 도덕적 본성을 보존, 함양하며 어떤 행동을 하는 것이 행복이라고 보았나요?
불교	청정한 불성을 바탕으로 '나'라는 의식을 벗어 위한 수행과 고통받는 중생을 구제하는 실천으로 해탈의 경지에 이르는 것을 행복이라 본 동양의 사상은 무엇인가요?
무위자연	법, 제도, 예절과 같은 인위적인 것이 더해지지 않은 상태로, 도가에서 무슨 모습, 상태로 살아가는 것이 행복이라 하였나요?
아리스토텔레스	행복이 최고의 선이라 하고, 참된 행복은 이성을 아주 잘 실현할 때 이루어진다고 한 고대 그리스의 인물은 누구인가요?
에피쿠로스 학파	헬레니즘 시대에 육체에 고통이 없고 마음에 불안이 없는 평온한 삶이 행복이라고 한 학파는 어느 학파인가요?
스토아 학파	'자신이 바라는 대로 사건이 일어나기를 바라지 말고, 사건이 일어나는 대로 자신의 바람을 맞추어야'한다 말한 학파는 어느 학파인가요?
의무론	동기를 중시하며, 도덕적 행위는 의무의식에서 비롯된다는 윤리설로 칸트가 주장했던 것은 무엇인가요?
최대다수의 최대행복	벤담이 주장한 모든 쾌락은 양적인 차이만 있다는 양적 공리주의에서 도덕원리는 무엇인가요?

▎질문 만들기 활동지 작성 예시

'동서양의 행복론' 단원은 서양의 다양한 사상가들이 등장하고, 내용도 어려운 편이었지만, 질문 만들기를 통해 학생 저마다 생각을 정리하며 배움을 심화할 수 있었다.

에 훨씬 더 효과적이다. 왜냐하면 중요한 개념에 대해 질문을 만들기 위해서 단순히 읽고 외우는 것보다 더 높은 집중력이 필요하기 때문이다.

한문 고전 질문 수업

질문을 통해 선현의 글을
내면화하며 성찰하다

개요

이번에 소개할 것은 한문 고전 질문 수업[5] 사례이다. 철학적 탐구공동체와 하브루타 등 질문 수업 모형을 다양하게 적용하여 질문이 있는 한문 수업을 운영 중이다. 교직 초반에는 '漢文'이라는 교과가 '漢字를 많이 알고 있는가? 한문 문장을 얼마나 올바르게 풀이하는가?'에 초점을 맞춰서 교육했다. 하지만 지금은 인문학의 근본으로 돌아가 '자기를 돌아보고 친구를 배려하고 경청하는 사이, 서로 배움을 통해 성장하여 다른 사람을 인정하고 존중할 줄 알고, 옳고 그름을 구분해 내며 건강한 생명으로 희로애락을 느끼며, 사람답게 함께 더불어 살아가는 올바른 인간으로 자랄 수 있도록 도와주는 것'에 목표를 두고 수업에 임하고 있다.

....
5. 한문 고전 수업 사례는 울산 신정고 강신영 선생님이 집필했다.

그래서 수업 시간에 선현들의 글을 자기 삶과 결부시킬 수 있는 자료를 이용해 아이들이 올바른 가치관과 인성을 지니고, 한 사회의 올바른 시민으로 성장할 수 있도록 돕는 데 주안점을 두고 수업을 설계한다. 이를 위해 질문을 적극 활용하고 있다.

처음에는 질문을 만들어 짝과 생각을 나누고, 자기 삶과 연결하는 글을 쓰는 활동을 아이들이 힘들어하는 것을 보았다. 입시 위주의 고등학교 수업에서 '왜?'에 대해 생각하는 수업은 아이들에게 낯설고 어려웠고, 속도 또한 느려 교육적 효율성에 대해 종종 서로가 의문을 가지기도 했다. 아이들이 만든 질문에 대해 충분히 생각을 나눌 시간은 늘 부족했기 때문이다.

한문 고전 질문 수업 전개 방법

한문 고전 질문 수업은 대부분 학생 활동으로 이루어지며, 과제의 수준이나 종류에 따라 개별 또는 모둠 활동을 한다. 교사가 한자의 뜻과 음을 일일이 가르치는 방식이 아닌, 각자 학기 초 배운 한자의 짜임을 이용하여 음을 유추하고 뜻을 찾아 거듭 풀이해 보는 방식이다. 처음에는 한자를 일일이 찾는 데 오래 걸려 정해진 시간에 풀이하지 못했으나, 점차 풀이해 내는 학생들이 늘고 있다.

풀이에 그치지 않고 질문을 통해 의미를 내면화하여 자기 삶과 연관 지어 성찰하고, 함께 배우고 공유하는 시간을 가지며, 수업 속에서 공동체의 철학이 묻어나도록 노력하고 있다. 다음은 논어의 배움에 대한 두 문장을 활용하여 공부에 대한 근본적인 성찰이 이루어지는 수업 사례이다. 활동 방법을 요약하면 다음과 같다.

☝ 활동 방법

1. **질문으로 마음 열기**: 주제에 대한 질문으로 학생들의 마음을 열고, 친구들과 내용을 공유한다.

2. **고전 문장 해석으로 생각 쌓기**: 고전 문장을 읽고 해석하며, 그 의미를 곱씹는 시간이다.
   - 음과 뜻 익히기: 제시된 한자의 음을 보고 교과서 부록 1,800자에서 뜻을 찾아 적는다.
   - 뜻 나누기: 해당 문장에서 쓰이는 뜻을 공유하며 낱글자 한자의 뜻이 생활 속에 어떻게 쓰이는지 익힌다.
   - 나의 풀이: 음과 뜻을 활용하여 자신의 풀이를 적으면서 해석을 시도한다.
   - 함께 풀이: 각자의 풀이를 친구들과 공유하면서 좀 더 나은 해석을 시도한다.

3. **삶에 접속하기**: 문장을 읽고 해석에 그치지 않고, 주제와 관련한 질문을 통해 글을 쓰면서 배운 내용을 내 삶과 연결한다.

4. **배운 내용에 질문하기**: 배운 문장을 곱씹어 보면서 심화 질문을 만든다. 그 질문으로 짝과 생각을 주고받은 후, 자신과 짝의 생각을 적는다. 이를 통해 고전이 지금 나의 삶에 전하고자 메시지를 내면화한다.

■ 한문 고전 질문 수업 사례

동일한 내용으로 수업을 진행하고, 반별로 만들어진 질문들을 소개하면 다음과 같다.

- **1반**
  - ·배우는 게 힘들다면, 포기를 이기는 방법은?
  - ·시험공부에서 즐거움을 느낄 수 없는 이유와 해결책은?
  - ·생각하는 과정은 무엇을 뜻하나?
  - ·배움이 우리에게 어떻게 도움이 되나?
  - ·옛사람은 '배움' 자체가 기쁘지 않았을까?
  - ·공부하려면 무엇이 필요하나?

- **2반**
  - ·배운 걸 때에 따라 익힐 때와 아닐 때의 차이는?
  - ·배우고 익히더라도 재미가 없다면?
  - ·주입식 교육을 해야 하나? 그렇다면 그것의 문제점은?
  - ·성적에 따라 등급을 나누고 대학을 가는 것은 왜일까?
  - ·배움을 익힌다는 기준은?

질문으로 마음 열기

↓

고전 해석으로 생각 쌓기

↓

삶에 접속하기

↓

배운 내용에 질문하기

| 한문 고전 질문 수업 절차

한문 고전 질문 수업은 배움을 통해 서로 존중하며 함께 살아가는 인간으로 성장하는 데 목표를 두고자 한다.

- 3반

  ·공부를 안 하면 행복할까?

  ·시간을 들여 공부하는 것에 기쁨, 성장을 느꼈나?

  ·학교에서 배우고 그것을 생각해 본 적이 있나?

  ·배운 것을 어디에 써먹나?

  ·공부가 나의 삶을 바꿀 수 있는가?

- 4반

  ·공부를 통해 얻는 게 뭘까?

  ·왜 때때로 익히면 기쁠까?

  ·공부하면 어떤 장점이 있을까?

  ·지금 우리는 배우고 생각하고 있는가?

  ·'학이불사즉망(學而不思則罔)'에서 무엇이 허망한 건가?

  ·공부를 안 해도 될까?

  ·어디까지 공부라고 해야 할까? 공부의 정의? 공부의 범위?

- 5반

  ·지금 시기에 배우는 학습만 하는 시간이 아깝지 않나?

  ·공부와 생각을 안 한다고 위태로울까?

  ·꼭 괴로운 공부를 해야 할까?

  ·공부에 흥미가 없는 애들이 집중하고 참여하는 수업 방법은 없을까?

  ·배움과 생각이 없다고 위태로울까?

한문 고전 질문 수업 활동지

⊙ **질문으로 마음 열기** - 나 자신에게 물어보기.

나는 왜 공부를 하는가? 나는 공부가, 학교가 재미있는가?

⊙ **고전 문장 해석으로 생각 쌓기**

1	學	而	時	習	之면	不	亦	說	乎아
음	학	이	시	습			역	설, 열, 세	호
뜻									어조사
순서									
나의 풀이									
함께 풀이									〈논어 첫 구절〉

2	學	而	不	思	則	罔	思	而	不	學	則	殆
음				사								태
뜻												
순서												
나의 풀이												
함께 풀이												〈논어〉

※ 而(이)말이을: 접속사(순접, 역접)-그리고, 그래서, 그런데, ~(하)고, ~(해)서, ~지만
　之(지) 어조사(단어나 어구 또는 문장의 앞, 가운데나 뒤에서 도와주는 역할),
　대명사 說자는 의미에 따라 음도 달라짐. (설)말씀, (열)기쁘다, (세)유세
　乎(호) 어조사. 여기서는 '不亦~乎'로서 '또한~하지 않겠는가?' 반어형의 문장이 됨.
※ 則(즉)곧: 접속사(조건을 나타내는 접속사)-곧, ~(하)면, (칙)법칙.

⊙ 삶에 접속하기

1. 위 문장에서 말하는 즐거움은 어떤 걸 의미할까? 자신 또는 주변의 유사한 경험을 적어 보고 기분은 어떠했는지, 자신이 공부하는 이유는 무엇인지 적어 보자.

2. 공부의 이유를 찾지 못한 친구를 설득할 수 있는 글을 작성해 보자.

-형식 : 자유(예 : 시, 편지, 소설 등)

\- \-

\- \-

\- \-

\- \-

\- \-

⊙ 배운 내용에 질문하기

배운 내용을 곱씹어 보며, 각자 왼쪽에 질문을 1개 이상 만들고, 질문에 관한 토론 후 자신과 짝의 생각을 정리해서 적어 보자.

질문 :	내 생각 :
	친구 생각 :

⊙ 다음은 '논어, 사람의 길을 열다'라는 책 中에서(배병삼 풀어씀)

> 자동차 운전을 예로 들어 보자. 우선 우리는 자동차의 구조와 교통신호 체계, 운전 요령을 배워야 한다. 그러나 구조와 체계, 요령들 곧 이론을 안다고 하여 자동차를 바로 몰 수 있는 것은 아니다. **오랜 연습**과 실제 운전 **경험을 통해** 어느 순간 자동차가 내 몸에 맞게 될 때, 그제야 운전이 순조롭게 행해진다. 이렇게 마치 물고기가 물속을 헤엄치듯 운전이 몸에 익는 상태가 **익힘**이고, 또 그 순간 마음속에서 우러나오는 흥취, 이것이 **기쁨**이다. 남이 날 칭찬해서가 아니라, 스스로 나 자신이 대견스러워 흐뭇해지는 것, 이것은 사람이 살면서 느낄 수 있는 가장 큰 기쁨이자 또 **사람만이 느끼는 기쁨**이다.

⊙ **수업 느낌 나누기** - 이번 수업에 대한 느낌은? 그림 중 하나에 ○ 표시해 보자.

최고야	좋아요	괜찮아요	글쎄요	지루해요

뛰어난 질문자가
인공지능을 지배한다!

챗GPT는 방대한 데이터를 학습하여 인간과 유사한 수준의 언어 이해와 생성 능력을 갖추고 있다. 이를 통해 다양한 분야에서 지각변동이 예상된다. 무엇보다 일자리 시장에 큰 변화를 불러올 것으로 보인다. 단순 반복 업무나 사무직 등은 일자리가 줄어드는 반면, 창의성, 문제 해결력 등 인간만의 고유한 능력이 필요한 일자리는 늘어날 것이다. 이러한 상황에서 교육은 미래에 적합한 인재 양성에 대한 책임감을 가져야 한다. 다만 인공지능의 기술적 측면에만 초점을 맞춘 교육이 아니라, 급변하는 상황에 유연하게 대처하면서 문제 해결 능력을 발휘할 수 있는 미래 역량을 키워야 한다. 이것이 질문 수업을 해야 하는 이유이다.

6장

챗GPT와 질문 수업

인공지능 시대에는 AI가 사람을 대체하기보다 AI를 사용하는 사람이 AI 문맹자를 대체하는 경우가 더 많을 것이다.

- 강태진 서울대학교 명예교수

01

챗GPT와 교육혁신

정답 찾기에서
벗어나야 하는 이유

생성형 인공지능과 변화

챗GPT는 등장과 동시에 세상의 흐름을 바꾸는 게임체인저로 급부상했다. 왜냐하면 챗GPT는 방대한 데이터 학습을 바탕으로 사용자가 입력한 명령어인 **프롬프트**를 이해하여 정보를 제공하는 생성형 인공지능이기 때문이다. 기존의 인터넷 시대 주역인 검색 엔진은 관련 키워드가 포함된 사이트를 단순 나열해서 보여주는 데 그쳤다. 하지만 생성형 인공지능인 챗GPT는 대규모 정보를 학습하는 것을 넘어, 이를 추론해 낸 결과로 여러 가지 새로운 콘텐츠를 창조한다. 그리고 원하는 대답을 여러 문단으로 구성해서 일목요연하게 보여준다.

다시 말해 챗GPT는 단순한 정보 제공의 차원을 넘어 이제 새로운 지식의 생산자 역할을 하고 있는 것이다. 심지어 '인공지능이 만든 작품을 예술로 볼 수 있는가?'라는 문제가 사회적 논란이 될 만큼 인공지능은 하루가 다르게 발전하고 있다.

이에 따라 직업에도 많은 변화가 예상된다. 실제로 글로벌 혁신기업 IBM의 경우 앞으로 인공지능으로 대체할 수 있는 업무에 대해서는 더 이상 사람을 뽑지 않겠다고 선언하기도 했다. 한국은행은 〈AI와 노동시장 변화〉 보고서에서 다음과 같이 전망한다.

> "우리 사회에서 고소득 전문직을 포함한 341만 개의 일자리가 인공지능에 의해 대체될 가능성이 크다."

한편에서는 오히려 인간에게 기회라는 긍정적 시각도 있다. 크리스탈리나 게오르기에바 국제통화기금(IMF) 총재는 이렇게 말했다.

> "AI는 조금 무섭기는 하지만 모두에게 엄청난 기회이기도 하다."

세계경제포럼(WEF)은 2023년 〈일자리의 미래〉 보고서에서 향후 5년간 6,900만 개의 새로운 일자리가 창출될 것으로 전망했다. 단순 서비스 업무 등은 사라지겠지만, 반대로 AI 관련 교육산업, 데이터 분석가 등 새로운 일자리 수요가 있기 때문이다. 결국 인공지능을 알고, 다루는 사람에게는 위기가 아닌 기회의 시대이다.

어떻게 대응할 것인가?

미래 전략 전문가인 최서연, 전상훈 공학박사가 함께 쓴 《AI, 질문이 직업이 되는 세상》에서 다음과 같이 말하면서 인공지능 시대가 펼쳐갈 미래 교육은 답을 찾아내는 것만큼 '질문하는 법'을 알아가는 데 초점을 둬야 한다고 강조한다.

> "이미 충분히 알고 있는 것 같아도 거기서 넘어가지 말고 왜 그렇게 되는지, 어디에 적용할 수 있는지, 다른 방법은 없는지, 시대적 오류는 없었는지 등 질문을 품어 보자. 질문 중심의 학습법은 지식을 더 깊게 탐구하게 하고 창의적이고 자기 주도적인 학습 능력을 키워준다."[1]

또한 불확실한 세상에서는 정답만 찾으려는 습관에서 벗어나 끊임없이 질문하는 사람이 되어야 한다고 다음과 같이 덧붙였다.

> "정답을 찾는 데 익숙한 습관을 바꿔야 한다. 시험 문제지 풀듯이 정답을 찾는 습관은 정답이 없는 세상에서는 필요치 않다. 질문은 마치 눈사람과 같아서 하면 할수록 어느 쪽으로 굴러가도 질문의 크기가 커진다. 의문투성이인 세상에 정답을 찾는 헌터가 아닌 '질문러'로서 첫발을 내디뎌 보자."[2]

....
1. 최서연·전상훈, 《AI, 질문이 직업이 되는 세상》, 미디어숲, 2024년, 61쪽.

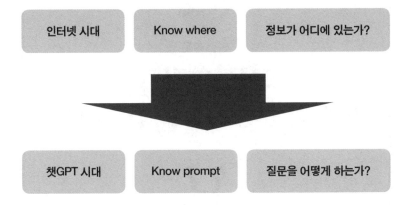

▍인터넷 시대와 챗GPT시대

'검색 엔진'이 주역인 인터넷 시대에는 정보를 찾아내는 역량에 방점이 있었다. 하지만 정보 재구성 및 창작이 가능한 챗GPT 시대에는 사용자의 질문 역량이 한층 더 강조될 수밖에 없다. 질문의 질이 결과물의 질로 이어지기 때문이다.

따라서 학교에서도 챗GPT 같은 AI에 대한 교육과 활용 능력을 키우는 교육이 필요하고, 수업에서도 이를 활용해야 한다. 특히 챗GPT에게 사용자가 원하는 답변을 생성하도록 하는 명령인 '프롬프트'에 주목해야 한다. 이는 프롬프트가 주로 질문(또는 지시)의 형식이기 때문이다. 다시 말해 챗GPT를 잘만 활용한다면 학생들의 질문하는 힘을 자연스럽게 키우는 수업을 설계할 수 있다는 뜻이다.[3]

....

2. 최서연·전상훈,《AI, 질문이 직업이 되는 세상》, 미디어숲, 2024년, 97쪽.
3. 챗GPT를 수업에 어떻게 활용할지와 구체적인 수업 사례는 뒤에 이어지는 내용을 참조한다.

질문, 인간과 생성형 인공지능을 연결하다

챗GPT에게 어떻게 질문해야 하나?

- -

"챗GPT는 주어진 질문에 인간보다 빠르게 답을 제시한다." 강태진 서울대학교 명예교수는 'AI시대 미래 인재 양성'을 주제로 한 강연에서 "불확실성이 가중된 환경 속에서 시대 변화에 유연하게 대응하는 핵심 역량은 질문하는 역량이다."라고 말했다.

질문은 챗GPT와 인간을 연결하는 관문이다. 원하는 정보, 특히 양질의 정보를 얻으려면 사용자의 질문 능력이 그만큼 중요하다. 질문에 따라 결과의 만족도가 확연히 달라지기 때문이다. 구체적이고 명확한 질문에 챗GPT는 똑똑하게 대답하지만, 그렇지 않으면 대답도 부실하다. 질문자가 원하는 대답이 나오지 않을 때는 추가 질문을 통해 답을 유도할 수 있어야 한다. 결국 질문의 수준이 제공받는 정보의 수준을 결정한다는 뜻이다. 특히 질문자의 의도와 필요가 명확히 전달될수록 유용한 답변을 얻을 수 있다. 다음은 챗GPT에 질문하는 법을 정리한 것이다. 이는 탐구와 배움의 과정에서 꼭 필요한 질문 태도이기도 하다.

첫째, **명확하고 구체적**으로 질문한다. 정보, 설명, 특정 문제에 대한 해결책 등 알고자 하는 내용을 구체적으로 제공한다. 예를 들어 "정약용의 실학사상에 대해 관심이 많은데 관련 유적지는 어떤 곳이 있을까?", "50대 남성인데 다이어트를 위해 유산소 운동을 하고 싶은데 어떤 운동이 좋을까?"와 같이 필요한 정보를 충분히 제공하여 구체적으로 질문한다.

둘째, **질문의 범위**를 지정한다. 광범위한 질문보다 범위를 좁혀 지정하면 그에 맞는 답변을 제공한다. 예를 들어 "인공지능의 응용 분야를 알려줘"보다는 "4차 산업 혁명 시대 교육 관련 부분에서 인공지능의 역할을 설명해 줘"라고 묻는 식이다.

셋째, **대상과 조건**을 제공한다. 답변을 읽는 대상을 구체적으로 설정하면, 그 수준에 맞춘 답변이 나온다. 예를 들어 "양자역학을 초등학생이 이해할 수 있도록 설명해 줘"라고 묻는다. 또한 단순히 "행복의 조건에 대해 설명해 줘"보다는 "대한민국 청소년들이 입시 경쟁의 환경에서 행복할 수 있는 방법은 뭘까?"라고 묻는다.

넷째, **후속 질문**을 계속한다. 좀 더 알고 싶거나 추가 설명이 필요한 답변을 받은 경우, 주제를 더 깊이 탐구하기 위해 후속 질문이 필요하다. 질문이 거듭되어 이어질수록 구체적이고 다양한 정보를 얻을 수 있다.

다섯째, 표현을 바꾸거나 **추가 정보**를 제공한다. 원하는 응답을 얻지 못하면, 다른 표현으로 질문한다. 챗GPT는 약간의 표현 변경을 통해 기존과 다른 정보를 제공한다. 예를 들어 "질문에 대한 명언을 소개해 줘"라고 질문했을 때 질문과 상관없는 일반 명언을 제시했다. "질문 단어가 포함된 명언을 소개해 줘"라고 다시 물었을 때 원하는 답변을 들을 수 있었다.

이외에도 소설이나 보고서, 에세이, 유튜브나 동영상 대본 등의 형태를 요구할 수도 있고, 설명에 대한 구체적 사례를 요구하면 그에 맞는 사례를 제시한다.

한국형 챗GPT 뤼튼을 알아보자

뤼튼(wrtn)은 GPT-4와 같은 최신 생성형 AI 모델을 활용하여 대화, 문서 요약, 코드 작성, 이미지 생성 등 다양한 콘텐츠 생성 기능을 제공한다. 무엇보다 한국어 데이터를 기반으로 학습하므로 우리에게 훨씬 더 친근하고 맞춤화된 결과물을 제공한다. **뤼튼의 장점**은 다음과 같다.

첫째, 한글과 한국 문화에 최적화되어 있다. 한글 특유의 문법과 높임말, 반말 등 다양한 언어 표현을 이해하고 활용하는 데 탁월하다. 또한 한국의 문화, 역사, 사회적 이슈 등이 잘 반영된 정보를 제공받을 수 있다.

둘째, 뤼튼이 참고한 자료를 보여준다. 예를 들어 "챗GPT를 수업에서 활용할 때 유의 사항을 설명해 줘"라고 질문하면 우측에 챗GPT 활용 방법 및 주의 사항 안내(전북교육포털), 챗GPT를 활용한 수업 방법 모음(유튜브), 챗GPT 활용 가이드 라인(경희대학교) 등을 제시한다. PDF 파일과 유튜브까지 보여주므로 추가 정보를 찾는 데 많은 도움을 준다.

셋째, 다양한 분야에서 원하는 정보를 찾을 수 있는 프롬프트 예시를 제공한다. 질문 창 하단에 '이런 프롬프트는 어때요?' 메뉴에서 파워포인트 작성, 마케팅, 게임 등과 관련한 프로프트 예시를 제시한다.

인공지능의 발전으로 이제 우리는 기존의 검색도구와는 비교할 수 없는 대단히 쓸모 있고 어마어마한 잠재력을 가진 유능한 개인 비서를 곁에 두게 되었다. 이 비서의 잠재력을 최대한 이끌어내는 것은 사용자의 역량에 달렸다. 그리고 그 역량은 바로 **질문** 역량이다.

유능한 비서

챗GPT를 수업에
어떻게 활용할 것인가?

앞에서 챗GPT를 큰 잠재력을 가진 비서로 비유하였다. 이는 교사들에게도 마찬가지로 적용할 수 있다. 교사가 어떻게 활용하느냐에 따라 인공지능이 매우 유능한 비서 또는 보조교사의 역할을 충분히 해낼 수 있다는 뜻이다.

교사는 교육과정, 수업, 평가, 상담 등 여러 영역에서 다양한 업무를 수행한다. 이 과정에서 챗GPT를 적절히 활용한다면 시간도 절약하고, 교육 활동을 한층 효율적으로 운영할 수 있다. 이제부터 교육 활동에 챗GPT를 적용한 사례[4]를 살펴보면서 어떻게 수업에 활용하면 좋을지 생각해 보자.

....
4. 에듀테크 전문가인 대현고등학교 임종우 선생님의 원고에 필자의 사례를 덧붙였음을 밝힌다.

챗GPT 활용 수업의 장점

챗GPT는 간단한 프롬프트만으로 주제에 맞는 수업 계획서를 작성하거나 구체적인 수업 활동을 구상할 수도 있고, 학생 역량 평가를 위한 루브릭을 만들 수도 있다. 또한 챗GPT로 평가 문항을 작성하거나 검토할 수도 있고, 학교생활기록부의 세부능력 및 특기사항을 작성하는 데 도움을 받을 수도 있다. 챗GPT를 수업에 활용했을 때의 주요 장점을 몇 가지만 꼽으면 다음과 같다.

■ 질문 습관을 키우고 질문 수준을 높인다

공개적인 질문을 꺼리는 수업 풍토에서 필요시 언제든 질문할 수 있다. 인공지능에게 질문하는 것은 최소한 비난이나 놀림을 받을 걱정을 할 필요가 없기 때문이다. 또한 같은 주제라도 요청하는 내용이나 수준에 따라 답변이 달라지는 것을 경험함으로써 자연스럽게 질문에 대한 흥미를 불러일으키고 중요성을 깨닫게 한다. 이 과정에서 학생들의 질문 수준을 키워갈 수 있다.

■ 다양한 학습 자료를 제공한다

특정 주제에 관련 개념 설명, 구체적 사례 제시, 예시 문제, 요약 자료 제공 등을 제공해서 학생들의 이해도를 높일 수 있다. 특히, 챗GPT는 학생 맞춤형 보조교사 역할을 할 수도 있다. 예를 들어 고1 통합사회 수업에서 "소득이 일정 수준을 넘으면 더 이상 소득이 행복에 영향을 미치지 않는다."라는 이스털린의 역설을 배운 후, 챗GPT에 대한 질문과 답변을 소개하면 다음과 같다.

이스털린의 역설의 이유와 구체적 사례를 설명해 줘.

이스털린의 역설은 소득과 행복 간의 관계에 대한 주장으로, 일정 수준 이상의 소득이 행복에 미치는 영향이 미미하다는 것을 말합니다. 이를 설명하는 이유와 구체적인 사례를 살펴보겠습니다.

이스털린의 역설은 주로 경제학 및 행복지수 연구에서 다루어지며, 다양한 연구 결과를 통해 뒷받침되고 있습니다. 이 역설의 주요한 이유 중 하나는 "소득의 한계효용"이라는 경제학적 개념에 기인합니다. 소득의 한계효용은 소득이 증가함에 따라 추가적인 행복의 증가 폭이 점차 감소한다는 의미입니다.

예를 들어, 어떤 사람이 최저 생계비 이상의 소득을 가지게 되면 기본적인 생활 필요를 충족할 수 있게 됩니다. 이 경우 소득이 증가하더라도 추가적인 행복을 느끼는 것은 한계적일 수 있습니다. 그래서 소득이 행복에 미치는 영향이 줄어들게 되는 것입니다.

구체적인 사례로는 여러 연구가 있습니다. 예를 들어, 일본에서 2010년대에 진행된 연구에서는 일정 수준 이상의 소득을 가진 사람들이 추가 수입을 얻더라도 행복 수준에 큰 변화가 없었다는 결과가 나왔습니다. 또한, 세계 경제 포럼에서 발표된 보고서에 따르면, 소득이 증가해도 행복 수준은 일정 수준 이후 크게 변화하지 않는다는 내용이 포함되어 있습니다.

이스털린의 역설은 소득과 행복의 관계를 이해하는 데 도움을 주는 개념이지만, 개인의 경험과 가치관에 따라 다를 수 있습니다. 각 개인은 소득 이외의 다른 요소들도 고려하여 행복을 느끼기 때문에, 소득만으로는 모든 사람의 행복을 설명할 수는 없습니다.

■ 수업 설계에 도움을 준다

다음과 같이 학년과 과목, 수업 주제를 명확하게 제공하고, 그에 관한 수업 설계안을 요구하면 꽤 구체적인 도움을 받을 수 있다.

Q 고등학교 사회 수업 시간에 우리 사회의 불평등 문제에 대한 수업 설계안을 만들어줘.

인공지능 답변

1. 주제 도입

• 학생들의 관심을 끌 수 있는 사회의 불평등 문제에 대한 실제 사례나 통계 자료를 제시합니다.

- 학생들에게 사회의 불평등이 어떤 것인지 생각하고, 그 영향에 대해 토의하도록 유도합니다.

2. 개념 설명

- 사회의 불평등에 대한 개념과 다양한 형태를 설명합니다. 소득 불평등, 성별 불평등, 인종 간 불평등 등 다양한 측면을 다룹니다.
- 이러한 불평등이 어떻게 형성되는지, 사회 구조나 정치, 경제적 요인과의 관련성을 설명합니다.

3. 사례 연구

- 학생들에게 실제 사례를 제시하고, 해당 사례에서 발생하는 불평등 문제를 분석하도록 안내합니다.
- 예를 들어, 소득 불평등의 경우, 부의 집중과 분배 정책의 영향을 조사하고, 결과에 대해 토론하도록 유도합니다.

4. 토론 및 논의

- 학생들을 작은 그룹으로 나누어 사회의 불평등 문제에 대한 토론을 진행합니다.
- 다양한 의견을 나누고, 학생들이 서로의 의견을 경청하고 존중할 수 있도록 유도합니다.
- 교사는 질문을 제시하고, 학생들의 생각을 독려하며, 다양한 시각을 고려한 토론을 지원합니다.

5. 문제 해결 방안 모색

- 학생들에게 사회 불평등 문제 해결 방안을 모색하도록 안내합니다.
- 학생들은 정책 개선, 교육, 인식 개선 등 다양한 측면에서 해결책을 제안하고 논의합니다.
- 이를 통해 학생들은 불평등 문제에 대한 창의적인 사고를 발전시킬 수 있습니다.

6. 마무리

- 수업을 마무리할 때, 학생들에게 불평등 문제에 대한 인식과 개인적인 약속을 독려합니다.
- 학생들은 개인적인 노력이나 사회 참여를 통해 불평등 문제에 기여할 수 있는 방법을 생각하고 제시합니다.

특히, 여러 차시 동안 진행하는 프로젝트 수업 설계 시 포함할 내용과 차시 분량을 제공하면 이에 맞게 수업 계획안을 제공한다. 필자가 뤼튼에게 기후 위기 관련 프로젝트 수업 계획안을 질문하고 얻은 답변을 소개하면 다음과 같다.

Q 기후 위기에 대해 고등학생을 대상으로 한 5차시 분량의 프로젝트 수업 계획안을 만들어 줘. 실태와 해결 방안을 탐구하는 활동을 포함하고, 마지막 5차시에는 활동 결과를 인포메이션 형식으로 발표하게 해줘.

1차시: 기후 위기 이해

- 기후 위기의 개념과 원인, 영향에 대해 학습합니다.

- 전 세계적인 기후 변화 현상과 이로 인한 문제점을 인식합니다.

2차시: 실태 조사

- 학생들은 팀을 이루어 기후 위기와 관련된 실태를 조사합니다.

- 기후 위기 영향을 받는 지역, 환경 파괴의 결과 등을 인터넷 조사, 현장 조사 등을 통해 탐색합니다.

3차시: 해결 방안 탐구

- 학생들은 팀별로 기후 위기에 대한 해결 방안을 탐구합니다.

- 친환경에너지, 재활용, 탄소 배출 감소 등과 관련된 정부 정책, 기업의 노력, 시민들의 참여 등을 조사합니다.

4차시: 활동 계획 수립

- 각 팀은 탐구한 실태와 해결 방안을 기반으로 활동 계획을 수립합니다. 환경 보호 캠페인, 기후 위기 관련 정보 공유 대회, 친환경 제품 제작 등 다양한 활동을 계획합니다.

5차시: 발표와 인포메이션 제작

- 각 팀은 활동 결과를 인포메이션 형식으로 제작하여 발표합니다.

인포그래픽, 포스터, 영상 등 다양한 형식으로 활동 내용과 해결 방안을 시각적으로 전달합니다.

■ 평가 자료 제작에 도움받을 수 있다

생성형 인공지능을 활용하여 평가용 문제 출제에 도움을 받을 수도 있다. 학년과 과목, 그리고 주제나 키워드를 제시하고 퀴즈 형식, 단답식, 서술형, 오지선다형으로 문제를 요구하면 문제를 제공한다. 하지만 인공지능이 만든 문제를 그대로 사용해서는 안 되며, 교사의 적절한 가공이 반드시 필요하다. 평가 자료 제작과 관련하여 아래에 실제로 인공지능(뤼튼)에게 요청한 질문과 답변을 소개하였다.

고등학교 통합사회 수업에서 인간 중심주의와 생태 중심주의를 주제로 서술형 5문제를 만들어 줘!

1. 인간 중심주의와 생태 중심주의의 개념을 설명하고, 이 두 관점의 핵심적인 차이점을 비교하시오.

2. 인간 중심주의와 생태 중심주 중 어떤 관점이 환경 문제 해결에 더 도움이 될 거라고 생각하는지 자기 견해를 제시하고 그 이유를 설명하시오.

3. 인간 중심주의와 생태 중심주의의 극단적인 형태가 가질 수 있는 문제점을 각각 설명하고, 이를 극복하기 위한 방안을 제안하시오.

4. 환경 문제 해결을 위해 필요한 윤리적 관점을 생태 중심주의의 관점에서 제시하고, 그 이유를 설명하시오.

5. 요나스(Jonas)의 책임 윤리 관점에서 볼 때, 인간은 자연에 대해 어떤 책임을 가져야 하는지 설명하시오.

■ 그 외의 쓸모

지금까지 열거한 것 외에도 챗GPT에 한국어나 영어 번역을 요청할 수 있으며, 글쓰기, 보고서의 아이디어 제공, 개요와 목차 작성, 문장 개선과 교정, 연극 시나리오 작성 등에도 꽤 쓸모 있는 도움을 받아볼 수 있다.

생성형 인공지능을 활용한 수업 전개 방법

좀 더 구체적인 이해를 돕기 위해 영어과 임종우 선생님의 수업과 평가에서 인공지능을 활용한 사례를 소개하려 한다.

■ 수업 자료 제작하기

챗GPT에 다음의 프롬프트를 사용하면 고등학교 영어 수업에서 사용할 수 있는 영어 독해 지문을 손쉽게 작성할 수 있다.

• 영어 독해 지문 생성 프롬프트 예시

실제로 챗GPT에 입력한 프롬프트는 다음과 같다.

영어를 가르치는 고등학교 교사로서 다음 내용에 맞게 업무를 수행해 줘.

1. 업무 : 수업 활동에서 사용할 영어 독해 지문 작성

2. 지문 길이 : 1,500자

3. 지문 내용 : 실생활에서 지구 온난화 문제를 해결 방법

4. 작성 언어 : 영어

• 어법 학습을 위한 지문 재작성

위의 프롬프트에 대해 챗GPT가 지문을 생성한 후, 그 지문으로 '관계대명사'라는 어법 사항을 지도할 수 있도록 아래의 프롬프트를 사용해서 지문을 재작성하도록 했다.

모든 문장에 관계대명사를 1번 이상 사용해서 다시 써 줘.

• 어휘 학습 자료 생성

지문에서 사용된 단어 중 가장 어려운 단어 20개로 단어장을 만들기 위해 다음 프롬프트를 입력했다.

이 지문에서 가장 어려운 단어 20개를 추출하고 표제어와 영어 뜻으로 표를 작성해 줘.

그리고 이렇게 추출한 단어로 워드 스크램블(Word Scramble) 활동지도 작성해 달라고 요청해 보았다.

위의 20개 단어로 워드 스크램블 활동지를 만들어 줘.

• 지문 이해 점검 작성

학생들이 수업 활동 중 위의 지문을 읽고 내용을 잘 이해했는지 점검하기 위한 문항을 다음 프롬프트로 생성했다.

앞에서 생성한 지문의 전반적인 내용을 파악하기 위한 오지선다 문항 5개와 세부적인 내용을 파악하기 위한 오지선다 문항 5개를 출제해 줘.

■ 학생 개별 과제 평가하기

교사는 수행평가에서 학생들이 작성한 과제의 결과물을 상세히 살펴보고, 평가하는 일에 많은 시간과 에너지를 사용한다. 이 과정에서 자신의 주관을 최대한 배제하기 위해 학생들이 제출한 과제를 반복해서 검토하기도 한다.

이때 챗GPT를 활용하면, 과제 검토 및 평가 소요 시간과 에너지를 최소화하면서도 객관성을 높일 수 있다. 우선, 아래의 프롬프트를 챗GPT에 입력해서 평가 지표를 생성해 보았다.

Q 고등학교 영어 교사로서 작문 활동에서 사용하는 rubric을 작성해 줘. 만점은 백점, 평가 항목은 4가지로 만들어 줘.

1. 주제 및 내용 (Content and Theme)

- 25점: 주제에 대한 깊이 있는 이해와 풍부한 내용, 독창적인 아이디어와 세부사항 제시
- 20점: 주제에 대한 명확한 이해와 충분한 내용, 흥미로운 아이디어와 세부 사항 제시
- 15점: 주제에 대한 어느 정도의 이해와 일부 내용, 아이디어가 일반적 또는 표준적
- 10점: 주제에 대한 부족한 이해와 내용, 아이디어가 부족하거나 흥미로움이 없음]

2. 구조 및 조직 (Structure and Organization)

- 25점: 명확하고 일관된 구조, 효과적인 문단 구성, 적절한 연결어 및 전이구문 사용

- 20점: 대부분의 구조가 명확하고 일관되지만 일부 지저분한 부분이 있을 수 있음, 문단 간 연결이 명확함
- 15점: 구조가 부분적으로 명확하지만 일관성이 부족함, 문단 간 연결이 부족함
- 10점: 구조가 혼란스럽고 무질서하며 일관성이 없음, 문단 간 연결이 전혀 없음

3. 어휘 및 표현 (Vocabulary and Expression)

- 25점: 다양하고 정확한 어휘 사용, 다양한 문장 구조 사용, 자연스럽고 유창한 표현
- 20점: 대부분의 어휘가 적절하고 정확하지만 일부 반복이나 간단한 어휘 사용이 있을 수 있음, 다양한 문장 구조 사용
- 15점: 어휘가 제한적이거나 부적절하게 사용될 수 있음, 문장 구조가 반복적이거나 단순함
- 10점: 제한된 어휘 사용 또는 부적절한 어휘 사용, 문장 구조가 단순하고 반복적임

4. 맞춤법 및 문법 (Spelling and Grammar)

- 25점: 거의 완벽한 맞춤법과 문법, 극히 드문 오류가 있음
- 20점: 대부분의 문장이 올바르게 구성되고, 맞춤법 및 문법 오류가 드물지만 일부 존재함
- 15점: 일부 문장이 어색하거나 문법적으로 부정확하며, 맞춤법 및 문법

오류가 눈에 띄게 있음

- 10점: 많은 맞춤법과 문법 오류, 문장이 어색하고 이해하기 어려움

입력 프롬프트를 구체적으로 작성할수록 특정 과제의 목적에 부합하는 평가 지표를 출력할 수 있다. 또한 후속 질문을 통해, 평가 지표의 내용을 단계적으로 정교화할 수도 있다. 그리고 평가 지표의 내용을 바탕으로 학생 과제를 챗GPT로 평가할 수 있다. 다음은 챗GPT로 학생이 제출한 영어 에세이를 평가하기 위한 사용자 프롬프트 예시이다.

 위의 평가 지표로 다음 영어 논설문을 평가해 줘. 총점, 총평, 그리고 감점의 이유를 설명으로 적어 줘.

이때 학생이 쓴 저출산 문제와 해결책에 대한 영어 논술문을 함께 제시하고, 위 프롬프트를 입력하고 얻은 답변은 아래와 같다. 물론 평가에 있어서 전적으로 챗GPT에 절대 맡겨서는 안 되겠지만, 적절히 활용하면 교사의 부담을 줄이는 데 도움이 된다.

 인공지능 답변

1. 주제 및 내용 (Content and Theme): 점수: 20/25

주제에 대한 이해와 내용 설명이 명확하고 적절하게 제시되었습니다. 낮

은 출산율이 한국이 직면한 큰 문제임을 강조하고, 그 원인과 정부의 노력에 대해 명확하게 다루었습니다. 그러나 문제의 중요성과 심각성에 대한 더 강조할 수 있는 부분이 있을 것입니다.

2. 구조 및 조직 (Structure and Organization): 점수: 20/25

대체로 명확한 구조를 가지고 있으며, 각 부분이 일관되게 발전됩니다. 그러나 논문의 중간에 명확한 전이나 연결이 부족한 부분이 있습니다. 문장 구조와 흐름을 개선하여 구조를 더 강화할 필요가 있습니다.

3. 어휘 및 표현 (Vocabulary and Expression): 점수: 20/25

다양한 어휘와 표현이 사용되었지만, 일부 단어나 표현이 반복되는 경향이 있습니다. 더 다양한 어휘와 표현을 사용하여 문장의 다양성을 높일 필요가 있습니다.

4. 맞춤법 및 문법 (Spelling and Grammar): 점수: 25/25

거의 완벽한 맞춤법과 문법을 가지고 있습니다. 전반적으로 문장은 자연스럽고 명확합니다.

총점: 85/100

총평:

이 작문은 낮은 출산율이 한국이 직면한 심각한 문제임을 명확하게 전달하고 있습니다. 내용은 일관되고 설득력 있으며, 대체로 잘 구성되어 있습니다. 그러나 구조와 어휘 다양성을 조금 더 강화하여 전반적인 효과를 향상시킬 수 있을 것입니다.

생성형 인공지능을 활용한 생활기록부 작성

교사로서 수행해 왔던 여러 업무 중 개인적으로 가장 많은 부담을 느꼈던 일은 단연 학교생활기록부 작성이다. 고등학교의 경우, 교사가 학교생활기록부에 기록한 내용이 학생의 진학 결과와 직결될 수 있어서, 세특을 잘 써주어야 한다는 부담을 항상 갖고 있다.

평가 내용 기록 영역에서 챗GPT가 교사의 역할을 완전히 대체할 수는 없다. 하지만 교사가 학생이 수행한 활동을 개조식으로 정리해서 프롬프트로 챗GPT에 입력하면, 학생부 기록의 초안을 손쉽게 작성할 수 있다. 다음은 학생부 특기사항 기록 초안 작성을 위해 구상해 본 프롬프트이다.

Q 교사로서 다음과 같이 인성 영역별로 정량 평가되고 있는 고등학교 2학년 남학생을 지도하고 있다.

대상 학생의 인성 영역별 정량 점수는 성실도 5점 만점에 4점, 협동정신 5점 만점에 3점, 책임감 5점 만점에 5점, 리더십 5점 만점에 2점, 소통능력 5점 만점에 1점이다.

이 학생은 다음과 같이 수업 활동을 수행했는데, 교사로서 아래의 내용을 모두 포함해서 이를 정성 평가하는 글을 5문장으로 작성하시오.

활동 유형 : 소모둠 기반 협동 학습
역할 : 발표자
참고 문헌 : 심리학 콘서트
관련 교과 : 여행지리
활동 제목 : 국내 관광지 소개
활동 내용 : 청도의 주요 관광지 소개

단, 위의 인성 영역별 정량 점수의 내용이 명시적으로 드러나지 않아야 하는데, 특히 인성 영역의 단어(성실도, 협동 정신, 책임감, 리더십, 소통 능력)가 절대 언급되어서는 안 된다. 또한 학생을 평가할 때, 부정적인 단어를 최대한 사용하지 않도록 한다.

이 프롬프트를 구상하면서 가장 많이 고민했던 부분은 정량평가의 정성평가화이다. 학생이 수업 활동에 참여하면서 보여주었던 인성 영역에서의 다양한 역량을 정량적으로 평가했을 때, 그 결과를 정성평가 기록에 자연스럽게 녹여낼 방법을 고민했다. 그리고 이러한 고민을 챗GPT 입력 프롬프트에 반영했다. 프롬프트로 얻은 인공지능 결과물을 학교생활기록부에 그대로 입력할 순 없지만, 초안으로서는 충분히 활용 가능하다.

04

챗GPT 질문 수업[5]

어떻게 찰떡같이
질문할 것인가?

챗GPT가 처음 등장했을 때, 교육 현장에서는 이런저런 우려의 목소리가 들려 왔다. 대표적으로 다음과 같은 우려이다.

'학생들이 직접 탐구해야 할 수행평가를 챗GPT에 의존하지 않을까?'

하지만 교육에서 인공지능의 역할은 더욱 확대될 것이다. 거부감으로 배제하기보다 당장 쓸모 있는 것부터 활용해 보자. 수업 준비 과정에서 아이디어, 자료 등 다양한 도움을 받을 수 있다. 또 학생들도 관심 분야에 대한 정보 획득 및 시간 관리에도 효과적이다.

....

5. 이곳에서 소개한 챗GPT 질문 수업은 에듀테크 전문가인 화진초등학교 석희철 선생님이 원고를 제공했다.

챗GPT가 이해할 수 있게 질문하기

우리는 종종 "개떡같이 말해도 찰떡같이 알아듣는다."라는 표현을 사용한다. 또 명확하지 않은 질문에 적절하게 답변할 때 우문현답(愚問賢答)이라고 말한다. 이처럼 애매한 질문에 답하기 위해서는 맥락 파악 능력과 비언어적 표현 이해가 필수적이다.

맥락을 이해하려면 대화의 흐름을 통해 의도를 파악하고, 상대에 대한 배경지식을 통해 필요한 정보를 추론할 수 있어야 한다. 또한 비언어적 표현 이해는 대화에서 말 이상의 것을 포함한다. 몸짓, 표정, 어조 등의 비언어적 신호는 진짜 의도나 감정을 파악하는 데 도움이 된다. 상대방이 무심코 드러내는 다양한 비언어적 신호들을 우리는 소통 과정에서 자연스럽게 감지한다.

하지만 챗GPT와 같은 생성형 AI와의 소통에서는 다르다. 질문자가 어떤 성향인지도 모르고(관심도 없고), 다양한 비언어적 신호들도 전달되지 않는 만큼 '개떡같이 말하면 그냥 개떡같이 알아듣고 답변'할 확률만 높아진다. 즉 챗GPT는 대화의 흐름을 잘 이해하지만, 상대방에 대한 배경지식이 없으며, 인간만큼 자연스럽게 비언어적 신호나 의도를 파악하지 못한다는 뜻이다.[6] 따라서 챗GPT에게 질문할 때는 **명확하고 오해의 여지가 없는 방식으로 질문**하

6. 2024년 5월, 오픈AI가 시연한 GPT-4o는 카메라로 표정(시각 정보)을 인식하여 '즐겁고 신나 보이네'라고 반응하는 등 비언어적 신호인 표정을 분석하는 모습을 보일 만큼 진화했다. 반응 속도도 한층 빨라졌지만, 그것만으로는 인간과 같다고 말할 순 없다.

는 것이 중요하다. 그래야 훨씬 더 정확하고 유용한, 사용자의 입장에서 만족스러운 답변을 얻을 수 있다.

챗GPT를 활용할 때는 마치 IQ 200의 신입사원과 협업한다고 생각해 보면 어떨까? 신입사원이라 업무 전반을 제대로 파악하지

생성형 인공지능의 입장에서 좋은 질문(프롬프트)이란?

1. 콘텍스트(Context): 질문의 맥락과 관련된 배경지식을 포함해야 한다.
- 예시) 나는 15년 차 초등학교 교사입니다. 6학년 담임을 맡고 있습니다. 학생들의 창의적 사고력을 계발하기 위해 노력하고 있습니다.

2. 지시 사항(Instruction): 명확하고 구체적인 지시를 해주어야 한다.
- 예시) 수업 시간에 토론수업을 하려고 합니다. 주제는 '인터넷의 사용이 아동 발달에 미치는 영향'입니다. 상대방의 주장에 효과적으로 반론할 수 있는 질문을 추천해 주세요.

3. 예시 제공(Few-shot Learning): 사용자가 원하는 작업이나 응답 유형에 대한 명확한 예시를 제시함으로써, 챗GPT가 요청을 정확히 이해하고 적절한 답변을 할 수 있도록 한다. Few shot learning은 프롬프트를 작성하는 기법으로 챗GPT에게 특정 형식이나 내용의 응답 생성 방법을 '학습' 시키는 데 사용된다.
- 예시) 다음은 행동 발달 사항 평어 작성의 예시이다.
  - 학생 특징: 착한 마음씨, 예의 바른 태도, 학습에 자신감
  - 행동 발달 사항 평어: 착한 마음씨를 가지고 있으며 친구들을 잘 도와주어 친구들 사이에 인기가 많음. 또한 예의 바른 태도로 인사를 잘하는 착한 어린이임. 학습에 대한 자신감이 뛰어나고 자기 생각을 글과 그림으로 표현하기를 잘함. 학교와 학급의 규칙을 잘 지키는 모범 어린이임.

못했지만, 워낙 탁월한 일머리를 가지고 있어 방향성을 명확하게 제시하고, 업무 지시를 구체적으로 내리면 엄청난 실력을 발휘하여 양질의 깔끔한 결과물을 만들어낼 수 있다는 뜻이다. 따라서 사용자가 배경지식과 절차를 충분히 설명하고, 비언어적 표현을 배제하여 명확하게 지시하면 매우 뛰어난 능력을 발휘할 것이다. 앞의 글상자(289쪽 참조)와 같은 구성요소를 고려하여 질문하면 챗GPT가 사용자의 의도를 말 그대로 '찰떡같이' 이해할 것이다.

챗GPT를 활용한 질문 수업 전개

챗GPT를 활용하여 질문 수업을 설계할 때 주의할 것이 있다. 그건 바로 너무 기술적인 부분에만 집중하지 말아야 한다는 점이다. 그러다 보면 자칫 수업의 본질을 벗어날 위험이 있기 때문이다. 따라서 기존 수업의 흐름을 기본으로 하되, 필요에 따라 챗GPT를 활용하는 것이 중요하다.

■ Q&E 학습에서 질문 만들기

Q&E는 Question(질문하다) and Explain(설명하다)의 약자이다. Q&E 학습은 4장에서 소개한 바 있는 큐앤알(Q&R) 수업의 초기 버전이기도 하다. 수업에서 교재를 읽고 궁금한 점을 적어 질문하고, 배운 내용을 스스로 구조화하고 정리한 뒤, 짝에게 설명하는 방법

〈Q&E 학습에서 질문 만들기 대화를 위한 프롬프트〉

나는 초등학교 6학년 학생입니다. Q&E 수업을 위한 질문을 만드는 데 어려움을 겪고 있습니다.

먼저 나에게 수업 주제와 교재의 내용을 물어봐 주세요.

그리고 내용에 관련된 질문을 추천해 주세요.

주의: 초등학교 6학년 학생임을 고려해서 답변해 주세요.

주의: Q&E 학습에서 좋은 질문

1. 개방적인 질문   2. 탐구를 유도하는 질문   3. 다양한 의견을 수렴하는 질문

TIP - 수업 주제와 교재 내용은 교사가 정리하여 공유하도록 한다. Q&E 수업에서는 질문의 범위를 수업의 주제와 교재의 내용으로 한정하기 때문에 교과서의 내용을 그대로 제공하는 것도 좋은 방법일 수 있다.

〈챗GPT와 대화의 실제〉	
챗GPT	알겠습니다! 먼저, Q&E 수업을 위한 주제와 교재 내용을 알려주실 수 있나요? 그러면 해당 내용에 관련된 질문을 만들어 드리도록 하겠습니다.
사용자	5학년 실과 수업 시간입니다. 유기농 농법과 유기농 축산에 대해 학습하고 있습니다.
챗GPT	멋진 주제입니다! 유기농 농법과 유기농 축산에 대해 학습하는 것은 환경에 대한 이해를 넓히고 건강한 라이프 스타일을 촉진하는 데 중요합니다. 여기 몇 가지 Q&E 수업을 위한 질문을 드리겠습니다. 1. 개방적인 질문 　- 유기농 농법이란 무엇인가요? 왜 이러한 농법이 중요한가요? 　- 유기농 축산은 어떤 점에서 기존 축산과 다를까요? 2. 탐구를 유도하는 질문 　- 유기농 농법을 사용하면 어떻게 환경이 보호되는지를 알고 싶어요. 　- 유기농 축산에서 사용되는 비료나 농약의 종류와 사용 방법을 조사하고 싶어요. 3. 다양한 의견을 수렴하는 질문: 　- 유기농 농법과 기존 농법 중 어느 쪽이 더 나은지에 대해 여러분의 의견은 무엇인가요? 그 이유는 무엇인가요? 　- 유기농 축산이 우리의 건강에 미치는 영향에 대해 여러분은 어떤 생각을 하고 있나요? 이런 질문들을 통해 수업이 더욱 활발하고 의미 있는 토론이 이뤄질 수 있을 것입니다. 추가로 궁금한 것이 있으면 언제든지 물어주세요!

으로 진행한다. 이는 질문 수업의 좋은 모델이지만, 질문 만들기에 어려움을 느끼는 학생에게는 다소 부담스러울 수 있다. 이런 학생들에게 처음 Q&E 학습을 적용할 때에는 교과서에 나오는 질문을 그대로 베껴 적으면서 수업에 참여하도록 유도하는 방법을 사용해 볼 수 있다.

하지만 교과서에 질문이 나오지 않는다면 곤란할 때도 있을 것이다. 이런 경우 챗GPT가 유용하다. 챗GPT는 학습 내용을 바탕으로 다양한 수준의 질문을 생성하므로, 이를 참고하여 학생들이 모델링 과정을 통해 질문 만드는 방법을 배울 수 있다. 이때 학생들이 챗GPT에 너무 의존하지 않도록 사용 기간, 횟수 등을 세심하게 조정하여 사용하게 할 필요가 있다('질문 만들기'를 위한 프롬프트와 대화 실제는 291쪽 표 참조).

■ Q&E 학습에서 답변해 주기

Q&E 학습에서는 '설명하기' 역시 중요한 활동이다. 하지만 학생들 중에는 자기 생각을 명확하고 논리적으로 다른 사람에게 설명하는 데 어려움을 느낄 수 있다. 특히 이해도가 부족할수록 설명하기 어려울 수 있다. 이때 보통 친구나 선생님의 도움을 받지만, 챗GPT가 똑똑한 모둠원 역할을 할 수 있다. 이런 경우 챗GPT에게 항상 정답만을 제공하지 않도록 설정함으로써, 실제 친구들에게 묻는 것처럼 친구의 설명을 비판적으로 듣는 능력을 기를 수 있다(프롬프트와 대화 실제는 293쪽 표 참조).

〈Q&E 학습에서 답변해 주는 모둠원 역할을 부여하는 프롬프트〉

당신은 Q&E 학습을 함께하고 있는 초등학교 6학년 학생입니다.

내가 하는 질문에 대한 답변을 설명하듯이 해주세요.

주의: 항상 정답만 말하지 않았으면 좋겠어요. (정답률 70~80% 정도)

주의: 항상 나의 수준(평균적인 초등학교 6학년 학생)을 고려하여 답변해 주세요.

주의: 설명의 분량은 50자 내외로 해주세요.

TIP - 학생들의 수준에 맞게 정답률을 조정해 보는 것도 좋은 방법이다. 이때 정답률을 100% 로 설정하더라도 챗GPT는 언제든 오답을 말할 수 있음을 고려해야 한다.

〈챗GPT와 대화의 실제〉	
챗GPT	알겠어요! 어떤 질문이든 받아볼게요. 무엇을 도와드릴까요?
사용자	공정무역이 왜 중요하다고 생각하나요? 공정무역이 생산자와 소비자 양쪽에 어떤 이득을 제공하나요?
챗GPT	공정무역은 생산자에게 공정한 대우를 제공하여 빈곤층을 지원하고 지역 사회 발전을 돕습니다. 또한 소비자는 고품질 제품을 구매하고 환경 및 노동자의 권리를 존중하는 기업을 지지하여 선순환 구조를 형성합니다.

챗GPT를 활용한 토론 수업 연습

토론 수업은 복합적이며 융합적인 문제 해결 역량을 기를 수 있는 매우 좋은 수업 방법이다. 다만 토론 수업이 잘 이루어지게 하려면, 다음과 같은 전제가 필요하다.

- 우선 자기 생각을 다른 사람 앞에서 명확하게 전달할 수 있어야 한다.
- 생각의 근거가 될 만한 충분한 배경지식이 필요하다.
- 학생들이 자기 생각을 질문의 형태로 자신 있게 표현할 수 있어야 한다. 자신의 의견을 분명한 질문으로 전환함으로써, 학생들은 상대방의 생각을 더 깊이 파고들고, 토론을 더욱 생산적으로 이끌 수 있다.
- 상대방의 질문에 경청할 수 있어야 하고, 이를 기반으로 비판적 사고를 할 수 있어야 한다.

챗GPT와 함께라면 이러한 역량 중 **질문과 경청에 집중한 토론 연습**을 할 수 있다. 또한 챗GPT에게 토론 주제와 관련된 배경지식을 제공받을 수 있는데, 컴퓨터와 하는 대화의 특성상 남들 앞에서 말하는 것을 부끄러워하는 학생들도 편하게 접근할 수 있다.

| 모의 토론을 위한 프롬프트와 대화 실제 |

〈모의 토론을 위한 프롬프트〉

나와 토론하는 역할 놀이를 합시다.

토론의 주제는 '해외 난민을 우리나라에서 받아들여야 할까?'입니다.

나는 초등학생이니 나의 수준을 고려하여 대화해 주면 감사하겠습니다.

먼저 나에게 찬성 입장인지 반대 입장인지 물어봐 주세요.
주의: 내가 찬성 입장이면 당신은 반대 역할이고, 내가 반대 입장이면 당신은 찬성 역할입니다.
각자 입장에서 토론에서 이길 수 있도록 노력하도록 합시다.

토론은 ""의 순서로 진행하면 됩니다.
""

찬성측 입론
반대측 입론
찬성측 반론
반대측 반론
찬성측 최후 변론
반대측 최후 변론

~

토론이 끝나고 나면 배심원으로서 토론의 승패를 말해 주고, 가능하다면 찬성측과 반대측을
100점 만점 기준으로 평가해 주세요.

TIP - user의 수준을 설정하면 토론의 수준을 조정할 수 있습니다. 또한 토론 종류에 따라 대화
과정을 적절하게 수정한다면 목적에 맞는 토론이 가능합니다.

〈챗GPT와 대화의 실제〉	
챗GPT	그럼 토론을 시작하겠습니다. 먼저, 당신은 이 주제에 대해 찬성입니까, 아니면 반대입니까?
사용자	반대입니다.
챗GPT	그러면 저는 해외 난민을 우리나라에서 받아들여야 한다는 입장입니다. 그럼 토론을 시작하겠습니다. 찬성측 입론 해외 난민 수용은 인도적이고 도덕적인 일입니다. 그들은 전쟁, 인권 침해, 자연 재해 등으로 고통받는 사람들입니다. 우리는 그들에게 도움을 줘야 합니다. 또한, 그들이 우리 사회에 통합되면서 새로운 문화와 경험을 가져와 우리 사회를 더 다양하고 역동적으로 만들 수 있습니다. 이는 우리의 국제적 책임이며, 인권과 자유를 위한 노력의 일환입니다. 이제 반대측으로 넘어갈까요? 당신의 입론을 듣고 싶습니다.
사용자	반대측 입론 난민들의 대규모 유입은 우리의 사회 구성원들에게 불안을 줄 수 있습니다. 또한, 우리의 경제적 자원이 한정되어 있으므로 우리의 시설과 자원을 모든 난민에게 공평하게 제공하기 어려울 수 있습니다.

	〈챗GPT와 대화의 실제〉(계속)
챗GPT	찬성측 반론 그렇다면, 저는 이러한 우려가 있을 수 있지만, 우리는 해외 난민을 받아들이는 것이 우리 사회에 긍정적인 영향을 줄 수 있다고 생각합니다. 우리는 이미 다양한 문화를 수용하고 있는 사회입니다. 또한, 난민들이 우리 사회에 통합되면서 경제적 가치를 창출할 수도 있습니다. 많은 난민이 자기 기술과 노동력을 활용하여 새로운 일자리를 창출하고 경제에 이바지할 수 있습니다. 게다가 우리의 경제적 자원이 제한되어 있다는 점을 고려해도, 국제사회와 협력하여 난민들을 지원하고 돕는다면 이 문제를 해결할 수 있습니다. 이제 반대측의 반론을 듣고 싶습니다.
사용자	반대측 반론 경제적 가치를 창출할 수 있는 것은 먼 미래의 일입니다. 또한 국제사회와 협력으로 이 상황을 해결할 수 있다면 난민들의 문제가 이렇게까지 심각하지 않았을 것입니다.
챗GPT	찬성측 최후 변론 저 역시도 반대측의 우려를 이해합니다. 하지만 우리의 인도적 의무를 놓고 경제적 문제와 대립하는 것은 아닙니다. 사실, 난민들을 지원하고 통합함으로써 우리는 경제적으로도 이득을 볼 수 있습니다. 난민들은 새로운 노동력과 경제활동을 통해 우리 사회에 기여할 수 있습니다. 또한, 국제사회와의 협력을 통해 우리는 추가적인 지원을 받을 수 있습니다. 우리의 경제적 문제는 해결할 수 있는 문제이지만, 인도적 문제는 미룰 수 없는 문제입니다. 우리가 인도적으로 행동하는 것은 우리의 가치를 보여주는 것뿐만 아니라, 우리의 사회를 더욱 강하게 만드는 것입니다.
사용자	반대측 최후 변론 우리는 난민을 받아들이는 것이 모든 문제를 해결할 수 있는 해결책은 아니라고 믿습니다. 우리는 보다 신중한 접근과 국제적인 협력을 통해 문제에 대응해야 합니다.
챗GPT	토론을 마치겠습니다. 배심원으로서 토론의 승자는 찬성측입니다. 그러나, 반대측의 주장도 중요하게 고려되어야 합니다. 그래서 찬성측을 90점, 반대측을 85점으로 평가하겠습니다. 이 두 가지 입장을 모두 고려하여 현실적이고 인도적인 해결책을 찾아야 합니다.

챗GPT와 학급 전체 토론 수업

학생 전체가 챗GPT를 상대하는 토론 수업을 해볼 수도 있다. 예컨대 챗GPT에게 찬성이나 반대 역할을 주고 학생 전체와 토론하는 것이다. 고등학교 통합사회 교과서에 '국립공원에 케이블카 설치는 타당한가?'라는 토론 활동이 있다. 학생들은 찬성 역할, 챗GPT는 반대 역할을 맡아 토론해 보았다. 챗GPT의 주장이나 반론에 학생들의 의견을 물어 교사가 입력해서 토론을 진행하는 방식이다. 실제 토론 내용의 일부를 소개하면 다음과 같다.

> 학생: '국립공원에 케이블카 설치는 타당한가?'라는 논제로 토론하려
> 고 해. 나는 찬성, 챗GPT는 반대 역할이야. 내가 먼저 입론을 할
> 테니 토론에 응해 줘. 국립공원 케이블카는 장애인이나 노약자들
> 에게 국립공원의 아름다움에 쉽게 접근할 수 있게 해.
>
> 챗GPT: 하지만 환경에 미치는 영향을 고려할 필요가 있어요. 케이블카
> 설치를 위해 동물 서식지나 식생을 훼손하거나, 풍경을 변형시
> 킬 수 있어요. 이는 국립공원의 원래 아름다움을 훼손할 수 있
> 고, 결과적으로 그 지역의 생태계에도 영향을 미칠 수 있어요.
> 또한, 공원에 대한 접근성이 증가해서 공원에 방문하는 인파가
> 늘어날 수 있어요. 이는 쓰레기 문제나 너무 많은 인파로 인한
> 공원 내의 생태계를 위협할 수 있어요.
>
> 학생: 자연환경에 미치는 영향은 친환경적인 방법으로 설계해서 피해

를 최소화할 수 있어.

챗GPT: 그렇지만 여전히 케이블카 설치로 인한 일부 환경 파괴는 피하지 못할 수도 있어요. 예를 들어, 케이블카 설치 과정에서 나무를 베거나 지형을 조작하는 등의 작업이 필요할 수 있고, 이는 생태계에 영향을 줄 수 있어요.

학생: 쓰레기 문제는 케이블카 탑승 시 환경 교육을 실시하고, 청소 요원을 배치하고, 쓰레기를 가져올 시 인센티브를 제공하는 방법으로 최소화할 수 있어.

챗GPT: 하지만 이러한 조치들이 모든 쓰레기 문제를 해결해 주지는 않을 수 있어요.

첫째, 환경교육을 해도 일부 방문객은 여전히 쓰레기를 마구 남기거나 환경에 대한 인식이 낮을 수 있어요.

둘째, 국립공원과 같이 넓은 지역에는 청소 요원의 한계가 있을 수 있어요.

마지막으로, 인센티브 제공은 방문객들에게 쓰레기를 가져가는 것을 장려할 수 있겠지만, 이것이 모든 사람에게 효과적일지는 확신할 수 없어요.

학생: 케이블카를 설치하게 되면 지역 경제 활성화에도 도움이 될 수 있어. 이는 일자리 창출과 소득 증대를 가져와.

챗GPT: 네, 케이블카 설치로 인해 지역 경제에 다음과 같은 장점이 있을 수 있어요.

첫째, 건설 관련 노동자, 운영 스태프, 관리 인력 등의 일자리

가 창출될 수 있어요. 이는 지역 내 노동시장을 활성화시
키고, 실직률을 낮출 수 있어요.

둘째, 케이블카를 이용하는 관광객들은 주변 지역의 숙박시설
이나 음식점, 기념품 가게 등을 방문하게 되어 지역 경제
에 기여할 수 있어요. 하지만, 이러한 경제적 이점 외에도
케이블카 설치로 인한 환경파괴나 사회적 문제에 대한 고
려가 필요합니다. 경제적 이점을 증대시키면서도 지역사
회와 자연환경을 존중하고 보호하는 것이 중요해요.

이어서 찬/반 역할을 서로 바꾸어서 토론을 지속할 수도 있다. 이
때 학생들은 앞선 토론 과정에서 나온 챗GPT의 근거를 반박 자료
로 활용할 수도 있다.

챗GPT 사용 시 주의 사항

지금까지 살펴본 바와 같이 챗GPT를 잘만 활용하면 질문 수업과 여러 업무 처리 등에 다양한 도움을 받을 수 있다. 하지만 그것이 챗GPT에 대한 맹신을 의미하지 않음을 꼭 강조하고 싶다. 끝으로 챗GPT 사용시 주의 사항을 알아보자.

잘못된 정보를 제공받을 가능성

챗GPT는 책이나 블로그, 기사나 인터넷의 다양한 텍스트로부터 대량의 데이터를 학습해서 생성한다. 따라서 일부 내용에 대해서는 사실관계가 정확하지 않을 수 있음을 항상 염두에 두어야 한다. 아울러 편견이나 차별, 일반화가 어려운 소수 의견이 반영될 가능성도 있고, 또한 최신 정보로 업데이트되지 않은 상태로 반영될 수도 있다. 따라서 공공용으로 사용한다면 다른 출처를 확인하거나, 내용 검증이 꼭 필요하다. 크로스체크를 위해 마이크로소프트의 새로운 AI '빙(Bing)'을 함께 사용하는 것도 좋은 방법이다.

개인정보 유출 가능성

챗GPT는 방대한 데이터를 바탕으로 문장을 생성하게 되는데, 사용자가 프롬프트로 입력한 데이터는 챗GPT 성능 개선을 위한 추가 학습 데이터로 활용될 수 있다. 이런 이유로, 사용자가 입력한 개인정보가 다른 사용자에게 결과물 출력의 형태로 노출될 가능성이 있다. 따라서 개인정보나 비공개 정보를 입력하지 않도록 주의해야 한다.

저작권 문제 발생 가능성

우리가 챗GPT에 질문하고 얻은 답변은 출처가 명확하지 않다. 즉 챗GPT는 각주와 인용과 같은 방식으로 정보의 출처를 공개하지 않는다. 따라서 결과물의 출처를 제대로 확인하지 않은 상태에서

SNS 등에 올리면 자칫 저작권 문제가 발생할 수 있다. 만약 공개하거나 출판물 등에 활용할 거라면 반드시 출처를 제대로 확인한 후 게재해야 한다. 앞으로 생성형 인공지능이 다양한 분야에서 더 광범위하게 활용될수록 저작권 문제에 관한 분쟁은 더 많아질 것이며, 관련된 가이드라인도 점차 구체적으로 세워질 것이다.

남용으로 인한 부작용

과유불급(過猶不及)이라는 말도 있는 것처럼 적절한 사용은 학습 효과를 높이는 데 도움이 되지만, 무분별한 사용은 오히려 학습 능력의 저하로 이어질 수 있다. 만약, 학생들이 학습 활동에서 스스로 탐구해야 하는 것까지 챗GPT를 무분별하게 사용한다면, 결국 학생은 자신의 학습 기회를 스스로 걷어차 버리는 셈이다. 어려운 문제를 해결하기 위해 학생들이 직접 고민하고 시도하는 것이 꼭 필요하다. 해결 과정에서 새로운 내용을 학습할 수 있고 목표 역량을 기를 수 있기 때문이다. 때때로 이 과정에서 실패를 경험할 수도 있지만, 그러한 실패의 경험이 훗날 더 큰 성공의 토대가 된다는 것을 우리 모두 잘 알고 있다.

앞으로 인공지능의 성능은 점점 더 향상될 것이고, 교사들의 사용 범위는 더욱 확대되고 또 일반화될 것이다. 위에서도 다양한 한계와 부작용을 설명한 것처럼 사용자의 주의와 확인(검증)이 꼭 필요하다. 특히 수업 설계 과정에서 생성형 인공지능 서비스를 사용할 때, 학습 목적에 맞게 적절히 배치해야 한다. 또한 인공지능이 생성한 결과물이 다양한 형태의 오류나 오개념을 포함할 수 있고, 저작권이나 윤리적인 문제를 유발할 수 있다는 점을 명확히 숙지하고 있어야 한다.

질문 수업을
만들어 가는 데
나침반이 되기를 바라며

교사는 가르치는 직업인 동시에 평생 배워야 하는 직업입니다. 저도 동료 교사에게 배우고, 신규 교사나 교생에게 배우고, 또 아이들에게 배우니까요. 배우기 위해서는 끊임없이 '질문'해야 합니다. 그리고 필자의 6번째 책인 이 책도 수많은 사람과 책에게 계속 질문했던 결과물입니다. 책을 쓰는 과정은 늘 배우고 실천하는 시간입니다.

그동안 학교에서 교사가 학생에게 가르치는 지식 내용은 거의 변화가 없었습니다. 기본 개념이나 원리 수준이기 때문에 시간이

흘러도 크게 달라지지는 않았죠. 그런데 지금의 세상은 너무나 빨리 변하고, 이제 한 치 앞도 선뜻 예측하기 어려울 만큼 불확실성이 짙어졌습니다. 그래서 오늘의 교사는 더더욱 배워야 하는 직업이라고 생각합니다.

저 또한 20년 넘게 강의 수업만 고집하다가 수업 변화의 필요성을 느꼈습니다. 마침 학교에 토론 위주로 수업하는 20대 교사가 있어 찾아가 배움을 요청하고, 그의 수업을 수시로 참관하면서 배웠습니다. 비로소 강의로 일관해 온 수업에서 학생들이 주체적으로 참여하는 수업으로 점차 변화하기 시작했죠. 하브루타를 알게 된 후, 어느새 질문은 수업의 기본으로 자리를 잡았습니다. 이후 이런 수업 경험을 여러 권의 책으로도 썼습니다. 돌아보니 그 과정이 모두 배움의 시간이었고, 실천의 시간이었으며, 또 지금은 소중한 나눔의 시간이 되고 있습니다.

어느 교사 연수에서 선생님들의 수업 고민을 나누는 활동을 했는데, 다음과 같은 고민이 나왔습니다.

- 내 수업을 통해 학생들이 발전이 있을까?
- 어떻게 하면 학생이 즐거움을 느끼는 수업을 할까?
- 수업에 흥미가 없는 학생들을 어떻게 참여시킬까?
- 학생 간 수준 차이가 너무 큰데 어느 수준에 맞추어야 할까?
- 이상(학생 참여 수업)과 현실(진도, 평가) 사이의 장벽을 어떻게 좁힐 것인가?

이 책이 이런 고민을 해결하는 데 나침반이 되기를 바랍니다. 질문은 배움의 방법이자 삶의 태도입니다. 질문은 생각에서 시작해서, 생각을 낳고, 생각을 정리합니다. 지금처럼 급변의 시대에는 아이들에게 배움의 내용도 필요하지만, **배움의 방법과 태도**가 더 중요합니다. 교사는 목적지까지 골목골목 상세히 안내하는 친절한 내비게이션이 아니라, 그저 방향만 알려주는 나침반 역할을 해야 합니다. 그래야 학생들이 훗날, 가본 길의 경로가 바뀌거나 설사 사라지더라도 내비게이션에 의존하지 않고, 스스로 새로운 길을 찾아갈 힘이 생길 테니까요.

저에게는 수업하는 일, 책을 쓰는 일, 강연에서 선생님들과 만나는 일들이 모두 배우는 시간입니다. 끊임없이 배움을 이어 나가는 모든 선생님의 삶과 수업을 응원합니다!

계유진,《질문 통통 대화법》, 생각나무, 2022.

구정화·변순용·장준현·김재준·황병삼·최준화·황지숙·박상재·엄정훈·한보라,《고등학교 통합사회》천재교육, 2021.

김규미,《사서쌤! 저는 100권이나 읽었어요》, 푸른영토, 2024.

김현섭,《질문이 살아있는 수업》, 수업디자인연구소, 2015.

김혜경,《하브루타 질문 독서법》, 경향비피, 2018.

김미현,《14세까지 공부하는 뇌를 만들어라》, 메디치미디어, 2017.

김보연 외,《하브루타 수업 디자인》, 맘에드림, 2018.

아이작 유,《질문지능》, 다연, 2017.

양동일·진은혜·이천하,《말하는 독서 하브루타 교사 가이드북》, 생각나무, 2021.

이성일,《애들아! 하브루타로 수업하자》, 맘에드림, 2017.

이성일,《하브루타로 교과수업을 디자인하다》, 맘에드림, 2018.

이성일,《하브루타 4단계 공부법》, 경향비피, 2020.

이성일,《메타인지 수업》, 경향비피, 2021.

이어령,《생각 깨우기》, 푸른숲주니어, 2009.

조용환,《교육다운 교육》, 바른북스, 2021

최서연·전상훈,《AI, 질문이 직업이 되는 세상》, 미디어숲, 2024.

한근태,《고수의 질문법》, 미래의창, 2023.

황보현,《서울대생의 학습 코칭》, 초록비책공방, 2023.

리처드 왓슨, 《인공지능 시대가 두려운 사람들에게》(방진이 옮김), 원더박스, 2017.

모기 겐이치로, 《좋은 질문이 좋은 인생을 만든다》(박재현 옮김), 샘터사, 2017.

사이토 다카시, 《질문의 힘》(남소영 옮김), 루비박스, 2017.

요한 하리, 《도둑맞은 집중력》(김하현 옮김), 어크로스, 2023.

워런 버거, 《어떻게 질문해야 할까》(정지현 옮김), 21세기북스, 2014.

제임스 라이언, 《하버드 마지막 강의》(노지양 옮김), 비즈니스북스, 2017.

켄 베인, 《미국 최고의 교수들은 어떻게 가르치는가》(안진환 외 옮김), 뜨인돌, 2005.

콜린 베번, 《노임팩트맨》(이은선 옮김), 북하우스, 2010.

EBS, '0.1%의 비밀', 〈학교란 무엇인가 시즌 1: 8회〉, 방영: 2010.11.29.

에듀테크 블로그, 〈[문제해결 Toolkit 3] 5Why〉(https://blog.naver.com/redmin00/130155498624?trackingCode=blog_bloghome_searchlist)

티처빌 원격연수원, 〈프로젝트 수업, 어디까지 해봤니?〉(https://www.teacherville.co.kr/trainapply/jobtrainapply/b2gCreditCourseDetail.edu?operationCourseGetSeq=O1001432&organizationGetSeq=1415)